I FRATELLI

di ALFREDO

LONGANESI & C.
MILANO

ISBN 88-304-0243-5

»IL CAMMEO«

VOLUME 93

I fratelli

1. *Le colonne di Salomone*

« La P2? Un'escrescenza, un tumore, un corpo estraneo. E nemmeno quella gran cosa che si vorrebbe far credere: è stata ingigantita poi. Con la libera muratoria, con lo spirito massonico, proprio niente a che vedere, a parte l'uso cinico e spregiudicato che Gelli ha saputo farne, e la debolezza dei vertici che ha reso possibile tutto questo. Certo che in loggia ne abbiamo discusso. In tutte le logge se n'è discusso. La conclusione? Un grande bluff, e il nome della massoneria trascinato nel fango da un volgarissimo magliaro. Alla fine c'è stata la sentenza di condanna da parte del tribunale massonico. Gelli espulso, la censura solenne per Salvini. Non mi si parli, per favore, d'identificazione massoneria-P2. Certo è stata un'esperienza amara, per tutti noi... »

Così parla colui che chiamerò il Fratello. Non è una persona, è la risultante di molte persone che per varie ragioni non nomino. Al Fratello affiderò la sintesi di molte confidenze, di molte testimonianze, la rappresentanza di quel mondo singolare che è l'universo massonico italiano. Mondo singolare, e indefinito. Quanti siano i fratelli non è dato sapere con esattezza. Almeno dodicimila quelli che fanno capo alle cinquecento logge del Grande Oriente d'Italia, la massoneria detta di palazzo Giustiniani dal nome della sua storica sede romana. Altre fonti parlano di quindicimila, di ventimila: mentre alcune altre migliaia di massoni obbediscono alla massoneria minoritaria, detta di piazza del Gesù, o alle altre obbedienze, o sponde, minori.

Quel che è certo è che si tratta di fratelli senza sorelle. I figli della luce, come amano chiamarsi, o i figli della vedova, sono soltanto uomini: almeno nelle logge di palazzo Giustiniani. La massoneria è istituzione rigorosamente maschile, anche se non manca una massoneria femminile, mentre in vari paesi c'è un rito misto minoritario. In Italia l'affiliazione femminile è consentita dalla serenissima gran loggia discendente da piazza del Gesù. Per essere rappresentativo del massone-tipo italiano, il Fratello sarà un libero professionista al culmine dell'attività, o se preferite un funzionario di stato alla vigilia della pensione. È di reddito medio, politicamente gravita attorno ai partiti laici minori.

Un paio di volte al mese il Fratello si cinge i fianchi con un grembiule bianco bordato di rosso, e siede fra i simboli e i misteri della loggia. La sua è una loggia di palazzo Giustiniani, obbedisce cioè al Grande Oriente d'Italia e al suo gran maestro che nel 1984, anzi nell'anno massonico 5984, è Armando Corona. Il Fratello non ama parlare col profano di questioni che riguardano la massoneria. È tenuto a un tradizionale riserbo, per uscirne almeno un po' deve stabilire un rapporto di particolare fiducia. Certo, ci tiene molto a prendere le distanze dalla loggia dello scandalo. Con la P2 ha il dente avvelenato, e lo si può capire.

Della P2 parleremo più avanti, quando forse saremo in grado di verificare se davvero si sia trattato di un corpo estraneo. Ma bisogna andare per gradi. Se la P2 è fenomeno patologico, o se al contrario non è che normale espressione dell'organismo massonico, è necessario veder chiaro nella fisiologia. Che roba è la massoneria? Cercheremo di capirlo esplorando il fenomeno nella sua vicenda storica e nelle sue manifestazioni attuali. Possiamo anticipare la definizione di uno studioso francese, Jean-Pierre Bayard (*Le Symbolisme maçonnique traditionnel*): « Né partito, né chiesa, la massoneria è una società tradizionale e iniziatica ».

Il Fratello, del resto, mette in guardia contro le definizioni semplificatrici. Lui scatta a difesa di una istituzione che sente profondamente danneggiata dal torbido intrigo di Gelli. Perché in questa istituzione, l'arte reale, come ama chiamarla, lui ci crede, eccome se ci crede. Lui è maestro, come la maggior parte dei massoni: ha cioè percorso i primi gradi simbolici: è stato apprendista, poi compagno d'arte. E quei momenti, quei passaggi, quegli aumenti di paga come si dice in loggia, li ricorda con un brivido di emozione.

Soprattutto l'ingresso nell'universo massonico, l'iniziazione al primo grado di apprendista. « C'è un momento magico », racconta il Fratello: « quando senti la porta del tempio che ti si apre davanti, sei investito dalle musiche del maestro Mozart, avverti la presenza dei fratelli che sono lì per accoglierti ». Di magia parla anche Bayard: « Il rito d'iniziazione è un atto magico che permette all'uomo di trascendere la propria natura, e che proprio per questo è simile all'atto del battesimo. Entrambi implicano una 'seconda nascita' che dà accesso a un grado superiore ».

Sarà un momento magico, ma certo in quel momento il rituale è piuttosto scomodo, per il candidato apprendista. « Sente » e « avverte », ma non vede, perché gli hanno bendato gli occhi. Poi ha il piede sinistro scalzo, il pantalone arrotolato a scoprire il ginocchio destro, la camicia aperta dalla parte del cuore. Inoltre ha una corda al collo, e il capo della corda lo tiene in mano un fratello incappucciato, l'esperto, o il terribile. In questo serrato gioco di simboli, del resto, la corda non è morte ma vita, non capestro ma cordone ombelicale. Un legame col mondo profano che bisognerà recidere, per procedere verso la vera luce dell'oriente massonico.

L'iniziazione dell'apprendista è un procedimento fissato da norme rigide, anche se spesso si preferisce andare per le spicce, applicando formule semplificate. A sua volta, il rito è il punto di arrivo di una procedura molto laboriosa. Prima di tutto c'è da dire che in massoneria si entra soltanto chiedendo di entrarvi. Richiesta che evidentemente il profano inoltrerà per mezzo di un conoscente massone. Arriva dunque la domanda, il maestro venerabile la comunica in loggia per iniziativa di un padrino o presentatore. Tre fratelli vengono incaricati di assumere separatamente informazioni sul candidato, cosa che fanno sia nel giro massonico, sia nel mondo profano. I risultati di questa discreta inchiesta vengono illustrati in una tavola informativa.

La fotografia dell'aspirante libero muratore viene affissa nella sala dei passi perduti, che è una specie di anticamera del tempio massonico. Poi si fanno tre distinte votazioni; i fratelli votano con palline bianche e nere: per accogliere il candidato ci vuole l'unanimità. Particolare interessante: fra le logge è possibile un continuo interscambio grazie al diritto di visita di cui godono i massoni. Insomma chiunque, purché membro di una loggia della medesima obbedienza, può entrare nel tempio e partecipare alla votazione.

Si parla di loggia, di tempio, e a volte si finisce col fare un sacco di confusione. Tanto per cominciare loggia ha un significato fisico, la sede di un organismo massonico di base, ma anche un significato personale: loggia è infatti l'insieme dei fratelli che fanno capo, sotto l'autorità elettiva di un maestro venerabile, a quell'organismo di base. Ma anche sulla loggia intesa in senso materiale bisogna chiarire. Anche se il tempio è evidentemente la parte più importante della loggia, la loggia è qualcosa di più del tempio, comprende infatti altri locali, come la sala dei passi perduti, che possono essere frequentati anche da profani. Profano, infatti, è etimologicamente colui al quale non è consentito di entrare nel *fanum*, nel tempio.

A proposito di etimologie: è di grande interesse andare a scoprire l'avventura della parola loggia. A questa parola sono stati attribuiti molti antenati. Che derivi dal latino *locus*, luogo? O dal greco *logeion*, proscenio o pulpito, o tribuna? Qualcuno azzarda più nobili origini: il greco *logos*, che del resto è evidentemente alla base di *logeion*, o addirittura il sanscrito *loka*, che sarebbe il mondo, l'universo. Forse è più realistico far discendere la loggia dal tardo latino *laubia*, che designa la parte coperta di un chiostro, o dal francone *laubja*, che a sua volta vuol dire pergola o loggiato. Etimologia più realistica, e anche più suggestiva dal punto di vista interpretativo: perché in questo caso la loggia è strettissima parente della lobby.

In attesa di verificare nei fatti se questa parentela debba considerarsi soltanto linguistica, eccoci alla loggia massonica così come la prescrive il rituale. La loggia – che spesso i fratelli nella loro corrispondenza rappresentano graficamente così: ⊡, un punto racchiuso in un rettangolo – accoglie in sé, oltre alla sala dei passi perduti, all'eventuale archivio-biblioteca, ai locali di servizio, anche un gabinetto di riflessione, antistante la porta del tempio: vedremo presto a che cosa serve. Il tempio, che quando la loggia è riunita si chiama anche officina, è una sala rettangolare, di cui un buon massone non dirà mai le dimensioni, tradizionalmente indeterminate: lunghezza dall'occidente all'oriente, larghezza dal settentrione al mezzogiorno, altezza dal nadir allo zenit. Una descrizione davvero lacunosa per quanto riguarda le misure, ma estremamente precisa per l'orientamento del tempio nello spazio.

Intendiamoci: la prassi è quasi sempre molto meno elaborata della norma tradizionale. Quel che conta è lo spirito, in loggia: bastano in realtà una Bibbia e pochi attrezzi simbolici, per adattare qualsiasi locale alle esigenze del rito massonico. Quella che segue è la descrizione del tempio ideale, così come è fissato dalla tradizione muratoria. Spesso gli elementi che descriveremo sono raffigurati in una specie di tappeto dipinto, detto il quadrato di loggia, che basta stendere in un locale chiuso per trasformarlo in tempio massonico.

C'è una sola porta di accesso, al centro di occidente, uno dei lati minori. E durante i riti dovrebbe essere vigilata. Non ci sono finestre. All'interno, ai due lati della porta ci sono due colonne: a nord contrassegnata dalla lettera B e sovrastata da un capitello decorato di melagrane, a sud con la lettera J, e un globo sul capitello. Lungo i lati maggiori ci sono gli scanni: secondo la consuetudine siedono a nord gli apprendisti e i compagni d'arte, a mezzogiorno i maestri, che sono più avanti sulla strada della luce. Il soffitto del tempio è affrescato a rappresentazione di un cielo seminato di stelle.

A oriente, l'altro lato minore, si concentra l'autorità della loggia. È qui il trono del maestro venerabile, sormontato da un baldacchino e da sette lettere dorate, intervallate da puntini a triangolo: A∴G∴D∴G∴A∴D∴U∴. È la dedica al Grande Architetto dell'universo: i tre puntini, tradizionalmente impiegati nella corrispondenza massonica, rappresentano i vertici del triangolo, figura simbolicamente sacra. Per arrivare al trono del venerabile bisogna oltrepassare una balaustra (altra parola chiave nella terminologia massonica: balaustra è anche il nome di qualsiasi documento solenne o dichiarazione che discenda dall'alto dell'organizzazione muratoria) e salire sette gradini. Ai lati, oltre la balaustra, ci sono i seggi di altre luci, così vengono chiamate le autorità di loggia: l'oratore e il segretario; al di qua della balaustra siedono invece il maestro di cerimonie, l'ospitaliere, l'esperto, il tesoriere. I due sorveglianti stanno dall'altra parte, a occidente, accanto alla porta affidata alla loro vigilanza.

Sulla parete di fondo c'è il delta, la stella fiammeggiante a cinque punte o pentalfa, i simboli del sole e della luna. Nel delta può essere il tetragramma ebraico, cioè le quattro consonanti che costituiscono il nome di Jahveh, o un occhio, che ugualmente rappresenta la divinità, o la lettera G, cui varie interpretazioni attribuiscono significati che vanno dal nome inglese di Dio, God, alla parola internazionale che designa la geometria, scienza fondamentale per l'arte muratoria. Secondo un'interpretazione francese, G di significati ne ha cinque: gravitazione, geometria, generazione, genio, gnosi.

Su un tavolo davanti al seggio del venerabile c'è la Bibbia, c'è il maglietto che è il simbolo del potere sulla loggia, c'è un compasso e la spada ondulata che i testi dicono fiammeggiante. A volte ci sono statue di Minerva, Ercole e Venere, a volte un cordone annodato percorre le pareti, simbolo della catena rappresentata dalla massoneria universale. Molto importanti, poi, nel loro simbolismo direttamente legato alle origini storiche della massoneria, le due pietre che giacciono al suolo subito oltre la balaustra, appoggiate accanto a un candelabro a sette bracci: da una parte una pietra grezza, dall'altra una pietra cubica. La lavorazione della pietra, quindi la sua trasformazione da grezza a cubica, rappresenta l'opera di perfezionamento caratteristica della vita massonica.

Che cosa significa tutto questo? Il tempio è insieme la rappresentazione dell'universo e la raffigurazione spaziale di un percorso verso la luce, evidentemente collocata a oriente. I riferimenti si fondano sulla tradizione biblica. Per esempio le due colonne ai lati della porta sono quelle descritte nel Libro dei Re, 7, 13: erano le colonne di bronzo fuse dall'architetto Hiram per il vestibolo del tempio di Salomone. Quanto alle due iniziali, B e J, significano rispettivamente Bohaz e Jakin, forza e stabilità. Le due colonne rappresentano l'armonia e la contrapposizione degli opposti, il gioco dialettico delle antitesi: luce-buio, positivo-negativo, Osiride-Iside, maschile-femminile, astratto-concreto, fino all'opposizione yang-yin del taoismo. Il maglietto poi, simbolo di potere, rappresenta la fermezza, la perseveranza, la sottomissione della forza all'intelligenza. E anche, con gli altri strumenti, l'antico mestiere-mistero del muratore che una volta costruiva cattedrali, e oggi si propone di costruire il tempio della fratellanza.

È ora di andare a riprendere il nostro aspirante apprendista, che abbiamo abbandonato in preda all'emozione sulla porta del tempio, fra le fatali colonne di Hiram. Ma prima c'è da dire come c'è arrivato, fin lì. Il candidato ha dovuto fare un po' di anticamera. È arrivato vestito di scuro, e per prima cosa gli hanno chiesto di deporre ogni oggetto metallico, procedura simbolica che significa volontà di rinuncia alle volgarità del mondo profano. Poi lo hanno portato al primo contatto con il simbolismo massonico, facendolo accomodare nel gabinetto di riflessione.

È un posto per niente allegro, parato di nero con simboli di morte, un tavolino piuttosto rozzo con uno sgabello davanti, e sul tavolino l'occorrente per scrivere, oltre a un teschio, una brocca d'acqua, un pezzo di pane, un bicchiere di zolfo e uno di sale. C'è un pannello coperto di figure: una clessidra, una falce, un gallo. Scritte minacciose sulle pareti: « se è stata la curiosità a condurti qui, vattene! », « se sei capace di simulazione trema, sarai smascherato! », « se rabbrividisci per lo spavento, non procedere oltre! » Insomma un luogo studiato per indurre all'eventuale ripensamento dell'ultima ora.

A questo punto il candidato deve fare testamento. È un modo di dire: deve in realtà rispondere per iscritto alle domande del giuramento, che riguardano i suoi doveri verso il Grande Architetto dell'universo, verso se stesso, verso il prossimo. È subito dopo avere redatto il testamento che lo preparano e lo conducono a bussare alla porta del tempio. Al venerabile che chiede chi va là, l'esperto fornisce qualche garanzia supplementare: « è nato libero, è di buoni costumi ».

Ecco, a questo punto può avanzarsi oltre la soglia, sentire le punte delle spade che i fratelli gli appoggiano sul cuore. Lo portano, sempre bendato, a far tre giri del tempio: sono le prove dell'aria, dell'acqua, del fuoco, così come poco prima, nel gabinetto di riflessione, il neofita aveva superato la prova della terra. Durante il primo giro, per segnalare il fatto che il candidato è ancora oppresso dalle passioni del mondo, i fratelli fanno baccano con i piedi, al secondo il rumore scema, perché ci sono progressi e l'equilibrio è più vicino; il terzo giro si svolge nella quiete più assoluta.

Finalmente gli leggono il testo del giuramento: è un impegno solenne a non venir meno alle obbligazioni massoniche, prima fra tutte l'obbligazione al segreto. Gli tolgono la benda, e il candidato vede per la prima volta il tempio illuminato, le spade dei fratelli rivolte verso di sé, in particolare la spada fiammeggiante del venerabile, che è poi la spada del cherubino a guardia del paradiso terrestre. È possibile che in questa fase i fratelli siano incappucciati, o almeno alcuni di loro: quelli che vogliono sottrarsi alla vista dell'uomo che, fino al momento in cui avrà giurato, è da considerarsi ancora profano, nonostante la sua accettata presenza nel tempio.

Eccolo, del resto, che giura inginocchiato sul ginocchio destro davanti all'altare, nella sinistra un compasso con la punta appoggiata al cuore, la destra posata sul tavolo, dove accanto ai simboli massonici c'è la Bibbia aperta al primo versetto del

Vangelo di Giovanni: « In principio era la parola e la parola era presso Dio, anzi la parola era Dio... » È fatta: dopo il giuramento il venerabile gli impone la spada sulla testa, e con tre colpi di maglietto « crea, riceve e costituisce » il nuovo apprendista massone, lo fa alzare e lo bacia tre volte, in segno di pace, amore e fratellanza. L'esperto riporta l'apprendista fuori del tempio e gli racconta come debba fare per farsi riconoscere, e per rientrare tra i fratelli.

Rieccolo infatti, poco dopo, con gli abiti riassettati, che bussa tre volte alla porta del tempio. Gli chiedono la parola sacra. Ma la parola sacra è ineffabile, dunque non si pronuncia, al massimo si compita. Infatti l'apprendista appena istruito dice: io non so né leggere né scrivere, so solo compitare, datemi la prima lettera, vi darò la successiva. Una lettera alla volta, viene fuori finalmente la parola sacra, che per l'apprendista è Bohaz: come sappiamo l'iniziale di questa parola è scolpita sulla colonna settentrionale del tempio. Il venerabile gli consegna a questo punto il grembiule, che dovrebbe essere di pelle cruda, e i guanti bianchi. Il suo grembiule, fin che sarà apprendista, dovrà portarlo con la bavetta sollevata. Perché? Risponde il Fratello: « Perché deve imparare il mestiere, e allora farà i lavori più pesanti, quelli che sporcano maggiormente di polvere e calcina... »

L'apprendista resterà tale per almeno cinque mesi. Parteciperà alle riunioni di loggia con diritti e poteri limitati. Poiché si presume che stia faticosamente apprendendo l'arte reale, in loggia è obbligato a camminare in modo piuttosto tormentato. Tre passi alla volta, con i piedi ad angolo retto, e ogni tre passi si ferma, si fa riconoscere con l'apposito segno, poi procede un passo alla volta salutando il venerabile e i fratelli seduti a mezzogiorno e a settentrione del tempio.

Quando sarà passato il tempo prescritto, l'apprendista potrà essere elevato al grado di compagno d'arte. Quel grado che per secoli, nella massoneria operativa, è stato in pratica l'unico dopo il periodo dell'apprendistato. Stavolta entra liberamente nel tempio, con un regolo appoggiato alla spalla sinistra, senza che nessuno lo debba accompagnare. Il rito si svolge a facce scoperte. Gli fanno fare cinque viaggi simbolici, che sono altrettanti giri del tempio: di volta in volta impugna diverse combinazioni di strumenti dell'arte muratoria, prima maglietto e scalpello, poi regolo e compasso, regolo e leva, regolo e squadra, e le mani libere per il quinto viaggio. Poi gli dicono di colpire con lo scalpello la pietra grezza. Può finalmente abbassare la bavetta del grembiule, e la nuova parola sacra da compitarsi sarà Jakin, la parola della colonna sud.

La leggenda di Hiram, il mitico artigiano di Tiro che Salomone chiamò alla costruzione del tempio di Gerusalemme, è alla base del terzo rito, il rito che consacra il maestro. Al centro del simbolismo massonico, la leggenda del terzo grado è uno dei *landmarks*, dei capisaldi della libera muratoria speculativa. È la storia dell'architetto che tre operai, incarnazione dell'ignoranza, del fanatismo, della gelosia, uccidono per carpirgli il segreto dell'arte. Lo uccidono colpendolo con gli strumenti di lavoro, per poi seppellirlo in un luogo che sarà presto rivelato al mondo dal rigoglioso prorompere di un'acacia. È proprio la morte di Hiram che rende vedova la massoneria, e figli della vedova i fratelli, oltre che figli della luce.

L'elevazione al grado di maestro, dicono gli esperti, è un rito che s'ispira ai misteri eleusini dell'antichità: e del resto, basato com'è sulla dialettica morte-resurrezione, a molte tradizioni iniziatiche. La terza iniziazione si svolge, secondo le parole dello specialista francese Edouard E. Plantagenet (*Causeries initiatiques pour le travail en chambre du milieu*), « nella calma solenne delle sfere superiori dello spirito umano ». Essa « ci inculca la serenità, ci insegna il distacco, ci invita alla speranza ».

Oggi il rito viene generalmente celebrato in forma semplificata, ma ugualmente s'insiste sul diretto riferimento alla leggenda di Hiram. Il gran dramma iniziatico andrebbe rappresentato in un tempio inizialmente avvolto nell'oscurità e parato a lutto, con drappi neri e lacrime d'argento. Al centro una bara, o più frequentemente una panca luttuosamente decorata, e lì sopra disteso, a interpretare Hiram assassinato, quello fra i maestri della loggia che è stato elevato più di recente. Un drappo nero sul corpo, recitano i rituali antichi, sul volto un fazzoletto insanguinato, o almeno macchiato di rosso.

Nella sua funerea completezza, il rito viene celebrato tuttora nelle logge americane, particolarmente attente al rispetto scrupoloso della tradizione. In Italia sono pochi i maestri iniziati con tanto di bara: ma certo la leggenda di Hiram, fondamentale per i liberi muratori, è sempre al centro della cerimonia. Si noti poi che a volte una rappresentazione grafica sostituisce questo o quell'elemento del rito: senza che evidentemente il contenuto potentemente simbolico abbia a risentirne.

Il compagno d'arte, dunque, viene sospinto verso la porta del tempio, che deve oltrepassare procedendo a ritroso. Si siede con le spalle all'oriente, dove il venerabile comincia a raccontare la leggenda di Hiram. Poi il compagno d'arte deve scavalcare tre volte, con un passo piuttosto elaborato, il cadavere del mitico architetto: per dimostrare che è innocente della sua morte, e quindi non ne ha paura. Intanto prosegue il racconto del venerabile, quando si arriva al punto chiave dell'uccisione di Hiram i fratelli colpiscono il candidato, trasfigurandolo simbolicamente nell'architetto assassinato, con il regolo, con la squadra, con il maglietto. Lui crolla e si accascia sulla bara, nel frattempo abbandonata dal maestro che interpretava Hiram.

Siamo dunque di fronte a una rappresentazione drammatica. Alla morte del compagno-Hiram segue l'affannosa ricerca del cadavere. Dove si sarà cacciato? Finalmente lo trovano: eccolo qui, sotto il ramoscello di acacia che adorna la bara. Il venerabile lo fa resuscitare con un colpo di maglietto: finalmente si apre il velo nero, il tempio viene inondato di luce. « Il nostro maestro ha rivisto la luce: rinasce nella persona del carissimo fratello... » Il nuovo giuramento, le nuove istruzioni, la nuova parola sacra, Mahabone, abbreviata nelle lettere M∴B∴ che, con i rituali tre puntini, figurano nel grembiule del maestro, bianco bordato di rosso.

Il maestro ha una nuova insegna, squadra e compasso intrecciati, e uno scudo azzurro e nero, con tutti i simboli massonici dall'acacia agli strumenti muratori, al sacro tetragramma ebraico con il nome della causa prima. Anche l'apprendista aveva un suo stemma, dominato dall'immagine del tempio con colonne: mentre l'emblema del compagno porta il pavimento egiziano del tempio, a scacchi bianchi e neri. Differiscono fra i tre gradi anche i giuramenti, o per meglio dire l'accettazione delle pene previste per lo spergiuro, mimicamente implicita nel gesto che il fratello compie quando si mette all'ordine per farsi riconoscere come tale. « Acconsento di avere tagliata la gola caso mai mancassi al mio giuramento », fa sapere l'apprendista. E il compagno d'arte: « possa io avere il cuore strappato... » Il maestro basta guardarlo, quando fa il gesto con la mano della propria persona tagliata in due.

I segni di riconoscimento sono fra le prime istruzioni che i massoni, man mano che pervengono ai tre gradi, ricevono dai fratelli. Ovviamente ho incontrato qualche reticenza in materia: si tratta di gesti e procedure almeno inizialmente adottati proprio per escludere curiosità profane come la mia. Si tratta, anche, di tradizioni non ufficiali, che anzi possono variare da luogo a luogo e non soltanto da rito a rito. Si distinguono l'ordine e il vero e proprio segno di riconoscimento (per l'apprendista consistono rispettivamente nel portarsi la mano a squadra sotto la gola e poi nel lasciarla cadere lungo il fianco, mentre dispone i piedi a squadra), dal cosiddetto toccamento, che evidentemente presuppone la possibilità di un contatto fisico con il fratello al quale si vuole comunicare la propria qualità di massone.

Il toccamento è in pratica una stretta di mano un po' elaborata, magari accompagnata dalla compitazione sussurrata e alternata, una lettera a testa, quasi un dialogo alfabetico, della parola sacra. Il maestro, se vuol darsi a conoscere come tale, non ha che da afferrare la mano del fratello, e premere tre volte col pollice nell'incavo fra le nocche dell'anulare e del medio. Ma c'è anche, registrato dai manuali massonici, un toccamento più complesso: contatto fra i piedi destri sul lato interno, ginocchio contro ginocchio, mano sinistra sulla spalla destra, stretta di mano con le destre puntate verso l'alto. Una stretta che in loggia si chiama branca di maestro: ma che riguarda più i cultori di esoterismo che la vita massonica in sé. Oltretutto, mi si fa rilevare, è abbastanza raro che ci sia bisogno di veri e propri riconoscimenti, al di là degli adempimenti rituali, cui di solito si rende omaggio semplicemente mettendosi all'ordine.

Una delle osservazioni profane che più fanno irritare il Fratello è la seguente: perché mai non vi liberate di un ritualismo così esasperato, di questa funerea paccottiglia? Se lo sente chiedere spesso, e ama rispondere citando uno dei massimi specialisti di esoterismo, René Guénon: « Il simbolo serve per esprimere delle concezioni che non si lasciano tradurre integralmente per mezzo delle parole ». O chiamando in causa uno studioso italiano, Umberto Gorel Porciatti: « Il simbolo apre una finestra sull'infinito ». Proprio così: « Il simbolo esprime l'ineffabile, non solo, serve a garantire spazi di libertà spirituale, infatti il simbolismo si presta a interpretazioni soggettive, rappresenta il carattere non dogmatico della massoneria ».

Il valore del rito, spiegano gli specialisti, consiste nella sua ripetizione: ripetendo formule e gesti il singolo identifica se stesso nel gruppo, di cui ogni volta riconosce e accetta i valori. Sentiamo che ne dice Mircea Eliade (*Forgerons et Alchimistes*): « Il senso profondo di tutti i rituali ci pare chiaro: per *fare* bene qualche cosa, o *rifare* una integrità vitale minacciata, bisogna prima di tutto tornare *ad originem* per ripetere la cosmogonia. La morte iniziatica e le tenebre mistiche hanno dunque valore anche cosmologico: si reintegra lo stato primitivo, lo stato germinale della materia, e la 'resurrezione' corrisponde alla creazione cosmica ». Ma c'è anche un'esigenza difensiva rispetto a un ambiente perturbato e soprattutto perturbatore. Come osserva il simbolista francese Bayard, « il rituale isola l'uomo dall'agitazione esterna ». E lo rende pronto a diventare mistico, che è come dire iniziato ai misteri.

2. *I cavalieri di Scozia*

Apprendista, compagno d'arte, maestro: chiusa, a questo punto, l'ascesa massonica verso la luce? Chiusa, per la maggior parte dei fratelli. Ma il cammino può proseguire: al di sopra dei tre gradi della massoneria corporativa, direttamente ispirata cioè all'antica corporazione dei costruttori, ci sono gli alti gradi – possono essere alcune decine – della massoneria cavalleresca, che raccoglie il retaggio di molte tradizioni eroiche basate sulla storia o sul mito.

Massoneria azzurra, o simbolica, quella che comprende i tre gradi: detta anche in Italia ordine, e con più esattezza nei paesi anglofoni *craft*, arte. Rito di perfezione, o più semplicemente rito è detto l'insieme degli alti gradi, con la loro organizzazione gerarchica. È detto anche massoneria scozzese, o scozzesismo, perché è maggioritario, in Italia e nel mondo, il rito scozzese antico e accettato. All'articolazione della massoneria azzurra in logge, corrisponde l'articolazione degli alti gradi in camere rituali.

Il rapporto fra ordine e rito, fra massoneria azzurra e alti gradi, è un curioso rapporto di parallelismo e insieme di sovrapposizione. Poiché diversi sono i riti, così come diverse sono le obbedienze massoniche, c'è un complesso sistema di relazioni incrociate. Per esempio in Italia il rito maggiormente praticato, che è lo Scozzese Antico e Accettato (RSAA), comprende fratelli di palazzo Giustiniani come di piazza del Gesù. Ma mentre piazza del Gesù ammette il solo RSAA, il Grande Oriente d'Italia riconosce espressamente, nella sua costituzione, anche il rito simbolico italiano e il rito dell'arco reale. Da qualche tempo è ammesso anche il rito di Memphis e Misraim, che vanta nella sua storia la presenza al massimo vertice (gran jerofante) di Giuseppe Garibaldi: ma che nonostante questo è praticato in Italia da non più di poche centinaia di fratelli.

Del resto a ogni massone del Grande Oriente è riconosciuto il diritto di appartenere contemporaneamente a più riti, e anche di praticare riti non esplicitamente ammessi, purché siano in regola con i capisaldi istituzionali di palazzo Giustiniani. Come leggo nella rivista del RSAA, *Tempio Scozzese* (vol. I, Roma, 1984), fino al dicembre del 1922 il Grande

Oriente d'Italia era investito della rappresentanza esterna del rito, mentre l'organo superiore del RSAA, il supremo consiglio, esercitava una supervisione rituale sulle logge, naturalmente su quelle di rito scozzese, poiché ve n'erano anche di rito simbolico.

Nel '22 l'anomalia scompare, ordine e rito riacquistano le rispettive competenze esclusive. Nessuna confusione, da allora, fra loggia e camera rituale. Ma di che cosa si tratta in pratica? « È la nostra università », dice il Fratello: « diciamo che fino al terzo grado sono gli studi ordinari, la scuola dell'obbligo, e che procede oltre chi voglia approfondire lo studio iniziatico ». Studio che avanzandosi accentua il suo carattere esoterico, è riservato cioè a gruppi sempre più ristretti, e fatalmente destinato a una sempre più esclusiva incomprensione da parte del mondo profano.

Leone Braschi, autore di tre saggi recenti (*La Massoneria, La Massoneria e la Chiesa cattolica, La Massoneria e la donna*), attribuisce alla progressiva illuminazione di chi sale la scala gerarchica del rito un significato piuttosto intenso. Braschi indica infatti una finalità massonica che consiste nell'accendere nell'uomo « una divina rassomiglianza », parla addirittura di « progressivo indiamento dell'uomo ». Obiettivo ambiziosissimo, come si vede: e che del resto lo stesso Braschi, illustrando la sua amara diagnosi della « massoneria degenerata », considera implicitamente poco realistico.

I massoni che praticano riti di perfezione sono dunque una minoranza. Si calcola che in Italia poco più di un terzo dei fratelli frequenti oltre la loggia anche la camera rituale. Il passaggio avviene insieme per richiesta e per cooptazione: e come ho potuto registrare in più occasioni non manca, nella famiglia massonica, una certa sotterranea polemica contro una carriera rituale spesso ridotta a una serie di adempimenti automatici, quasi un progresso per scatti d'anzianità.

Bisogna a questo punto dare un'occhiata al rito scozzese, che è non soltanto il più praticato in Italia (quattro o cinquemila fratelli), ma anche il più diffuso nel mondo. Comprende trentatré gradi, o per meglio dire trenta, dal quarto al trentatreesimo, i primi tre essendo i gradi dell'ordine, della massoneria azzurra. In questo rutilante edificio, una serie di riferimenti storici e mitici si aggiunge alla tradizione muratoria e alla leggenda di Hiram, moltiplicando i simboli e le citazioni.

Trentatré gradi, tutti contrassegnati da titoli altisonanti, come si conviene a una gerarchia cavalleresca: ma soltanto alcuni vengono di fatto attribuiti, saltandosi nella prassi i passaggi intermedi. In Italia si conferiscono il quarto, il nono, il diciottesimo, e i gradi dal trentesimo al trentatreesimo. Per tutti gli altri ci si limita a un conferimento virtuale in occasione di ogni avanzamento, o aumento di luce come lo chiamano i cavalieri di Scozia.

Si parla di gradi ineffabili, nel senso propriamente etimologico che non bisognerebbe nemmeno parlarne, di gradi filosofici, di gradi apocalittici. Si parla, dopo la massoneria azzurra dei primi tre gradi, di massoneria rossa dal quarto grado al diciottesimo, di massoneria nera dal diciannovesimo al trentesimo, di massoneria bianca negli ultimi tre gradi.

Forse il grado più noto, ma anche il più controverso, è il trentesimo. Il massone di trentesimo grado si chiama cavaliere grande eletto kadosh, dove kadosh è una parola ebraica che significa puro. Ma può anche chiamarsi cavaliere del tempio, o cavaliere dell'aquila bianca e nera. Evidente la filiazione dall'ordine medievale dei templari, che fu espropriato e massacrato da Filippo il Bello, dando luogo al culto della vendetta. Si tratta infatti di vendicare non più soltanto Hiram assassinato dai compagni infedeli, ma anche il povero Jacques de Molay, che il re di Francia fece accusare delle più orribili nefandezze, complice il papa, per poi farlo morire sul rogo. Il cavaliere kadosh può fregiarsi di uno scudo bianco, con la croce di Malta rossa e il candelabro a sette bracci simbolo del tempio. La camera rituale di questo grado si chiama areopago.

Da qualcuno considerato il grado della perfezione iniziatica, il trentesimo è gerarchicamente sottoposto alla massoneria bianca. Essa comprende i tre gradi amministrativi, che possono essere conferiti soltanto dal supremo consiglio: grande inquisitore commendatore, sublime principe del real segreto, sovrano grande ispettore generale. A loro è affidato il governo del rito. L'ultimo, più che un grado, è una funzione: il sovrano grande ispettore generale, che si chiama più semplicemente 33, può inalberare uno scudo argenteo con aquila bicipite nera, e un magnifico motto, *Deus meumque jus*, Dio e il mio diritto, lo stesso dei re d'Inghilterra (*Dieu et mon droit*).

L'edificio scozzese comincia con il quarto grado, maestro segreto. Poi via via, per titoli sempre più solenni, si arriva al cavaliere eletto dei nove (nono grado), al sublime cavaliere eletto (undicesimo grado), al cavaliere dell'arco reale (tredicesimo grado). Questa denominazione è legata al ritrovamento leggendario di una cripta sotto le macerie del tempio di Gerusalemme, in cui sarebbe stata racchiusa la parola perduta. Si sale poi al grado di cavaliere d'oriente e d'occidente (diciassettesimo grado), e al diciottesimo grado: sovrano principe rosacroce, o cavaliere dell'aquila e del pellicano. Ha uno splendido scudo nero, bianco, rosso e oro: con un pellicano ferito al petto da cui sgorga una goccia di sangue. I principi rosacroce si riuniscono in una camera rituale che chiamano capitolo.

Il diciottesimo grado deriva direttamente dalla leggenda germanica di Christian Rosenkreutz, il dotto cavaliere del Quattrocento che s'imbatté in oriente nel segreto antico. Fu nel 1604, così dice il mito di Rosenkreutz, che il cavaliere venne trovato nella sua tomba. Era intatto, aveva in mano un libro di pergamena scritto a lettere d'oro. I rosacroce si diffondono rapidamente nel Seicento, e non tardano a bussare ai templi massonici. Fra i tanti, possono vantare un nome illustre nelle loro file, il nome di Cartesio.

Salendo ancora i gradi scozzesi, ecco l'ascia reale o principe del Libano (ventiduesimo grado), così detto in ricordo del paese dei cedri, che fornì il materiale per la costruzione del tempio di Gerusalemme, e forse anche per la presenza nel rito di qualche influsso delle leggende druse. Abbiamo al ventiquattresimo grado il principe del tabernacolo, al venticinquesimo il cavaliere del serpente di bronzo, al ventottesimo il cavaliere del sole, o principe adepto.

Il rito scozzese antico e accettato si organizza in supremi consigli, di cui fanno parte trentatré sovrani grandi ispettori generali del trentatreesimo grado, più alcuni membri aggiunti. Il supremo consiglio a sua volta esprime un vertice nella giunta amministrativa e nel sovrano gran commendatore. Attualmente (1984) in Italia sovrano gran commendatore del rito è Manlio Cecovini. C'è stato di recente, in seguito a varie vicissitudini interne, un capitolo coperto del rito, e più tardi un capitolo nazionale riservato. Esiste, per le ragioni storiche che vedremo a suo luogo, un supremo consiglio madre, che ha nel rito, a livello mondiale, una posizione di preminenza analoga a quella che ha nell'ordine la gran loggia unita d'Inghilterra. È il supremo consiglio di Washington, diretto discendente del supremo consiglio che dai primi anni dell'Ottocento sedeva a Charleston.

Degli altri riti riconosciuti da palazzo Giustiniani il Rito Simbolico Italiano, praticato da due o trecento fratelli, è piuttosto un antirito: non classifica infatti gradi superiori al terzo, se non quello di maestro architetto, che piuttosto che un grado è una qualifica di adesione, appunto, al RSI. Il Rito dell'Arco Reale è connesso con il Rito di York, molto diffuso negli Stati Uniti: prevede trenta gradi, compresi i primi tre azzurri, che sono detti d'iniziazione. Gli altri sono suddivisi in quattro classi: gradi dell'arco reale, del santo arco reale, di real maestro, gradi di cavalleria. Accanto al rito dell'arco reale d'ispirazione americana ce n'è uno d'ispirazione inglese: un altro esempio della tendenza massonica alla frammentazione secondo linee di cavillose interpretazioni rituali e di contrastanti influenze internazionali. Praticano l'arco reale fra i milleduecento e i millecinquecento fratelli, equamente divisi fra le due sponde.

Ma forse è il caso di tornare alla loggia simbolica, dove operano con gli apprendisti e i compagni d'arte i maestri massoni del terzo grado, che sono poi la grande maggioranza dei liberi muratori. La massoneria azzurra è detta anche simbolica, un termine questo indirettamente improprio, poiché come si è visto non è certo il rito scozzese, dal quarto grado in avanti, a difettare di simbolismi.

Una loggia italiana del Grande Oriente comprende fra i quindici e i trenta fratelli: se le nuove iniziazioni la portano oltre questo organico è possibile che una parte dei fratelli escano a fondare una nuova loggia. Il Grande Oriente d'Italia governa circa cinquecento logge; ci sono anche, dipendenti da palazzo Giustiniani, due logge a Mogadiscio, Somalia, evidente retaggio coloniale. Inoltre c'è in Italia una imprecisabile quantità di altre logge, irregolari dal punto di vista di palazzo Giustiniani: le logge miste del gruppo Ghinazzi, che si fregia della denominazione storica di piazza del Gesù, e quelle degli altri gruppi minori. Bisogna poi considerare le sette o otto logge di lingua inglese, comprese le logge militari americane delle basi NATO. Le logge sono di solito intitolate ai nomi di grandi personalità massoniche (Giuseppe Garibaldi, Adriano Lemmi, Giosue Carducci, W.A. Mozart), o di esponenti della tradizione culturale progressista (Tommaso Campanella, Giordano Bruno), o a simboli massonici: Hiram, Pentalfa, Atanòr.

Di che cosa si discute in loggia? « Di questioni culturali, dei fatti nostri iniziatici, no, di religione o politica mai, è espressamente vietato dalle nostre costituzioni. » Ma mi pare di aver capito che avete pur parlato della P2... « La P2, certo, ma come problema che investe la massoneria in quanto tale, non certo come problema politico in sé. » Inoltre, precisa il Fratello, è improprio parlare di discussioni in loggia: infatti non c'è contraddittorio. Ognuno dice la sua, e alla fine l'oratore fa una sintetica relazione su quello che è stato detto.

Ogni anno si elegge il venerabile. Si vota su una terna di nomi, scelta dai soli maestri. Ci sono altre cariche in loggia, o luci: primo e secondo sorvegliante, oratore, segretario, tesoriere. Costoro formano il consiglio delle luci. Ci sono anche ufficiali minori: maestro di cerimonie, elemosiniere, ospitaliere. I fratelli pagano le capitazioni, contributi annui alle spese della loggia e del Grande Oriente. Quote variabili, cui si aggiungono in caso di necessità contributi straordinari, o versamenti a scopi di beneficenza raccolti nel tempio col cosiddetto tronco della vedova.

Il diritto di visita attribuisce a ogni massone la facoltà di bussare e di essere accolto in qualsiasi loggia. Quando arriva in visita un dignitario lo si dovrebbe accogliere con la volta d'acciaio, uso tipicamente scozzese che consiste nel farlo passare sotto le spade levate. In segno di deferenza, il venerabile gli offre il maglietto: che l'ospite generalmente rifiuta dicendo « è in buone mani ».

I fratelli si riuniscono un paio di volte al mese. Non di rado la riunione comprende un rito caratteristico, la catena d'unione. I fratelli incrociano le braccia e disposti in circolo si prendono per mano. Intanto ascoltano musiche del fratello Mozart, o del fratello Sibelius. È la rappresentazione mimica della solidarietà che lega i figli della luce, ognuno dei quali considera se stesso un anello della grande catena universale. A volte può capitare che un anello salti, magari provvisoriamente: è un fratello svogliato che « si è messo in sonno », ha cioè smesso di frequentare la loggia, di versare le quote.

I massoni hanno le loro onorificenze: in Italia l'ordine di

Giordano Bruno. Comprende tre gradi, progressivamente dedicati a Venere, Ercole, Minerva.

Ci sono in massoneria alcune feste fisse: la data di fondazione della loggia, i due solstizi (San Giovanni d'estate e San Giovanni d'inverno, 24 giugno e 27 dicembre), la ricorrenza dei fratelli defunti che per i massoni italiani viene a coincidere con il giorno anniversario della morte di Mazzini, la festa della pace che ricorda la prima conferenza internazionale della pace, vanamente celebrata all'Aia allo scadere del secolo scorso.

Ci sono poi le agapi, banchetti che possono essere rituali, in questo caso riservati ai soli fratelli, o aperti alle famiglie e agli invitati profani: si parla allora di agapi bianche. Ci sono i funerali massonici, un tempo perfino i battesimi massonici, riservati ai lupacchiotti o ulivelli, che sarebbero i figli dei massoni. Appena compiuti i diciott'anni, costoro possono essere iniziati apprendisti, mentre un normale candidato di anni deve averne ventuno.

Come si è già accennato, i massoni usano nella loro corrispondenza abbreviazioni intervallate dai tre puntini a triangolo. C'è anche un vero e proprio alfabeto massonico, basato sulla combinazione di puntini e tratti di squadra (a ⌋, b ⌋·, c ⊔, d ⊔·, ecc.), ma è da tempo in disuso. Così come va tramontando l'uso di contare gli anni a partire da un 4000 avanti Cristo in cui l'avventura massonica avrebbe avuto inizio: per cui alle nostre date andrebbe aggiunto un sovrappiù di quattromila anni, e per esempio questo libro vedrebbe la luce nel 5984. O secondo un altro uso, molto meno preciso per quanto riguarda l'individuazione dell'anno zero, nello 000984.

La massoneria si regge su una normativa complessa e stratificatasi negli anni. Ogni Grande Oriente o Gran loggia ha la sua costituzione, che si basa su una tradizione risalente al 1723, quando un pastore presbiteriano inglese, James Anderson, pubblica il *Book of Constitutions*. Come ogni legge, anche la legge massonica si presta a una certa varietà interpretativa: così si è sempre cercato di fissare i punti fermi, quelli sui quali non c'è discussione, e per i quali è riconosciuta da tutti l'immodificabilità. Questi punti fermi hanno il nome antico di *landmarks*, pietre di confine, nel senso di capisaldi irrinunciabili. « I *landmarks* », dice il Fratello, « segnano la frontiera oltre la quale la massoneria non sarebbe più tale.»

Ma quali sono questi *landmarks*? Qui sta il problema: perché la materia è ben lontana dall'essere definita. Assenti in forma organica dalle costituzioni di Anderson, i *landmarks* appartengono, secondo certi studiosi come George Oliver, alla tradizione orale. Ma come può un cippo di confine essere affidato a una custodia così immateriale? Così Oliver ci prova, a metterli nero su bianco, nel suo *Freemason's Treasury*: e ne elenca una quarantina.

Una classificazione che ha avuto successo è quella di Albert G. Mackey. Sono venticinque i *landmarks* elencati da Mackey nel 1858, e ripresi per esempio dal Bayard. Eccoli, in forma sommaria: segno di riconoscimento; divisione nei tre gradi; leggenda del terzo grado; il potere a un gran maestro eletto; il gran maestro può presiedere a ogni assemblea massonica, può accordare dispense per il conferimento dei gradi in circostanze irregolari, e per aprire e fondare logge, può creare dei massoni a vista (sulla spada, si dice in Italia); i massoni si riuniscono in logge, ogni loggia è diretta da un venerabile e due sorveglianti; la loggia in riunione dev'essere coperta (difesa da intrusioni); ogni massone ha diritto di essere rappresentato in ogni assemblea massonica, diritto di appello contro ogni decisione, diritto di visita in qualsiasi loggia; nessuno sconosciuto può entrare in loggia senza aver subito un esame; una loggia non può interferire nei lavori di un'altra loggia; dovere di obbedienza a leggi e regolamenti della giurisdizione di residenza; l'iniziando dev'essere uomo nato libero, integro, di età legale; il massone deve credere all'esistenza di Dio come grande architetto dell'universo, e nella resurrezione a una vita futura; il libro della legge è elemento essenziale in loggia; uguaglianza fra tutti i massoni; la massoneria ha segreti che non possono essere rivelati; è una scienza speculativa fondata su un'arte operativa; i *landmarks* non possono essere modificati.

Quest'ultimo, il venticinquesimo *landmark* nella classificazione di Mackey, sembrerebbe decisivo. Ma così non è, poiché si cerca di restringere il concetto di caposaldo agli elementi davvero essenziali. Una nuova classificazione, più ridotta e al tempo stesso ormai difficilmente riducibile, è quella proposta nel 1916 dal gran maestro del Massachusetts, Roscoe Pound. Costui, come ricorda lo specialista italiano Giordano Gamberini (*Attualità della Massoneria*), al quale devo anche le citazioni che precedono, fornisce prima una definizione dell'insieme dei *landmarks*. È « un corpo di precetti fondamentali di validità massonica universale, vincolante dovunque ed in tutti i tempi i Massoni e le organizzazioni Massoniche, l'adesione al quale da parte dei Massoni e delle organizzazioni dei Massoni è un prerequisito di riconoscimento come Massoni o come Massoniche ».

I *landmarks* di Pound sono sette: monoteismo, fede nell'immortalità, il libro della legge sacra essenziale in loggia, leggenda del terzo grado, segreto, simbolismo dell'arte operativa, il massone dev'essere maschio adulto e nato libero. Come si vede mancano, rispetto alla più analitica classificazione di Mackey, i punti più strettamente regolamentari, come quelli che riguardano le prerogative del gran maestro.

Fra questi capisaldi massonici ce n'è uno che colpisce particolarmente l'osservatore profano contemporaneo. Al numero diciotto nella classificazione di Mackey, al numero sette nell'elenco di Pound, è prescritto che il massone sia di sesso maschile. Che senso ha, nel penultimo decennio del ventesimo secolo, l'esclusione femminile da un'istituzione che si propone il perfezionamento all'insegna dell'uguaglianza? « Massoneria femminile? È un cerchio quadrato! », sostiene con decisione il Fratello.

Eppure esiste anche una massoneria femminile, così come una massoneria mista: evidentemente in contrasto con i *landmarks*, o almeno rispetto a essi in posizione revisionista, ciò che contrasta con il principio della loro immodificabilità. In Italia ci sono due piccole gran logge femminili: divise fra loro proprio sul principio della partecipazione maschile. Inoltre il gruppo Ghinazzi, ormai noto come piazza del Gesù nonostante questa identificazione sia imprecisa, ammette l'elemento femminile. « Lo fanno », dice il Fratello, « per mettersi al riparo da ogni rischio di riassorbimento, è evidentemente impossibile infatti che palazzo Giustiniani, fedele alla lettera e allo spirito degli antichi doveri e dei *landmarks*, possa mai riassorbire logge miste come quelle del Ghinazzi. »

Dire che la donna è completamente tagliata fuori dalla massoneria regolare, del resto, è inesatto. Il Grande Oriente d'Italia ammette infatti, a somiglianza della massoneria americana, una organizzazione femminile fiancheggiatrice che si chiama Stella d'Oriente. È un'organizzazione rituale, di cui fanno parte anche uomini, e che si articola in capitoli. Di questi capitoli, in Italia ce n'è una decina.

L'esclusione femminile dalle logge è tuttora una delle condizioni per ottenere il riconoscimento da parte della massoneria d'Inghilterra. Non solo: ma anche il non intrattenere rapporti con organizzazioni massoniche che ammettano logge miste. La gran loggia unita inglese vive una situazione paradossale. Infatti per tradizione il capo della massoneria inglese è il sovrano: ora, poiché le vicende della successione hanno voluto che sul trono sieda attualmente una donna, ecco che una donna, Elisabetta II, si trova a essere gran patrona di una istituzione nella quale non potrebbe nemmeno aspirare al grado di apprendista.

È stato in Francia, ancora nell'età eroica dei Lumi, che per la prima volta il principio dell'esclusione femminile venne intaccato. Nel 1774 il Grande Oriente di Francia costituì le cosiddette logge di adozione. Non si trattava di un ingresso in massoneria su un piano di uguaglianza: il regime dell'adozione era in qualche modo simile a quello contemporaneo della Stella d'Oriente. In epoca napoleonica, la stessa imperatrice Giuseppina divenne gran maestra delle logge di adozione.

Più tardi, nel 1865, il problema dell'ammissione delle donne a pieno titolo fu sollevato davanti al Grande Oriente di Francia. Ma sarà soltanto nel 1892, e dopo una scissione della massoneria francese, che una donna, l'anticipatrice del movimento femminista Maria Deraismes, sarà iniziata nella loggia simbolica scozzese mista I Liberi Pensatori. La Deraismes diventerà anche venerabile. Oggi ci sono in Francia una gran loggia femminile, che accoglie esclusivamente donne mentre i fratelli sono accettati soltanto come visitatori, e due massonerie miste: l'ordine massonico misto internazionale Il Diritto Umano, e la gran loggia mista universale, detta anche Diritto Umano-Tradizione.

Ma anche in Francia, nonostante la pluralità delle sigle, il fenomeno della massoneria femminile o mista è strettamente minoritario. Come viene spiegata questa esclusione? Ancora una volta con il richiamo alla tradizione. « Il nostro è come un ordine cavalleresco », dice il Fratello: « o, se vuoi, un ordine religioso. Se non sbaglio la maggior parte degli ordini cavallereschi non ci pensa nemmeno ad ammettere le donne, così come sarebbero impensabili ordini religiosi misti ».

Siete diverse, e la vostra strada è diversa, dice rivolto all'altra metà del cielo uno fra i più autorevoli massoni italiani, Giordano Gamberini. E aggiunge: « L'uguaglianza di norma e disparità di condizioni non è uguaglianza di trattamento ma esaltazione della disuguaglianza iniziale ». Sta di fatto, ricorda il medesimo specialista, che « l'illusione della iniziazione muratoria viene generalmente e indistintamente offerta sia alle donne che agli uomini solo da sodalizi usurpanti denominazione massonica ». Questa offerta, del resto, ha un precedente illustre. Il più celebre massone italiano, Giuseppe Garibaldi, non insisteva forse perché le logge fossero aperte alle donne? I massoni regolari giurano che i riti misti hanno dato pessima prova di sé. « Quando una coppia entra in crisi, dice il Fratello, rischia di entrare in crisi anche la loggia... »

Ma il Fratello può fornire anche una spiegazione più complessa. « Vedi, la massoneria è maschile perché la donna non può spargere il seme. E che altro è, l'iniziazione, se non uno spargere il seme? Il simbolismo della spada fiammeggiante è abbastanza scoperto: che cos'è quella se non una rappresentazione fallica? Dunque una donna non potrebbe mai impugnare la spada fiammeggiante, iniziare insomma, potrebbe al massimo essere apprendista o compagna d'arte: ma questa limitazione contrasta con lo spirito massonico, che pone l'accento sull'ascesa verso la luce. » Anche Leone Braschi (*La Massoneria e la donna*) sostiene che la donna può essere iniziata, ma non potrà mai essere iniziatrice: e cita per analogia il perdurante « no » vaticano al sacerdozio femminile.

Del resto c'è ancora, oltre l'esclusione femminile, un'altra limitazione di accesso alla massoneria che provoca non poche perplessità. Il candidato che abbia difetti fisici viene decisamente respinto. È il diciottesimo *landmark* di Mackey che lo prescrive esplicitamente: il candidato all'iniziazione dev'essere uomo non mutilato. Come la donna, come lo schiavo, anche l'infermo dev'essere escluso.

Il Fratello ha una spiegazione anche per questo: « Prima di tutto la tradizione: quando la massoneria era operativa, sarebbe stato impensabile iniziare un mutilato, uno con difetti fisici che potessero pregiudicare, appunto, l'operatività. Si prescriveva l'integrità fisica come condizione per poter fare il lavoro, per soddisfare il committente. Anacronistico? Ma, vedi, la nostra è una funzione sacerdotale, e il sacerdote deve rispecchiare nella propria integrità fisica l'immagine e la somiglianza di Dio... » È chiaro che, nonostante le appassionate argomentazioni del Fratello, ci sono pressioni perché sia lasciata cadere una discriminazione così poco adeguata all'umanitarismo massonico. Ma ci sono anche tenaci resistenze, che si appoggiano alla lettera dei testi antichi e alla letteratura interpretativa.

Perché bisogna sapere che esiste una sterminata letteratura massonica. Con studi di estrema specializzazione, come quelli promossi dalle logge di ricerca inglese (Quattuor Coronati lodge) e francese (loge Villard de Honnecourt). Con proprie case editrici. Per esempio in Italia l'editrice del Grande Oriente porta il nome del magico crogiolo degli alchimisti: Atanòr. Ci sono pubblicazioni periodiche specializzate: in Italia la *Rivista Massonica*, *Hiram*, il neonato *Tempio Scozzese.* C'è una scienza molto specifica che ha nome massonologia o latomistica.

Latomistica è una parola colta: potrebbe derivare da latomia, che è una cava di pietra destinata a carcere come se ne vedono a Siracusa. Ma potrebbe, come la stessa parola latomia, venire direttamente dal greco. Precisamente dalle due parole che significano taglio e pietra. Come la latomia è il luogo in cui si taglia la pietra, la latomistica è dunque la scienza che studia il taglio della pietra, che si occupa dell'arte muratoria, della trasformazione della pietra grezza nella pietra levigata e nella pietra cubica.

Lasciando perdere gli approfondimenti iniziatici, che sono com'è ovvio difficilmente praticabili dall'esterno, da parte del profano, i fratelli ai quali si chieda di spiegare in due parole che cosa sia la massoneria generalmente rispondono: una istituzione che si basa sui concetti di tolleranza, di uguaglianza, di fratellanza, e si propone il perfezionamento individuale. Ma ci sono anche risposte più elaborate. La massoneria, scrive Bayard, si basa sui tre punti della legge iniziatica: « 1) Esiste un ordine universale simboleggiato dal Grande Architetto dell'Universo. 2) L'uomo è perfettibile. 3) L'iniziato persegue la propria liberazione, cioè la propria realizzazione, partecipando all'ordine universale, integrandosi ad esso ».

A servizio di questi ambiziosi obiettivi, a volte un po' mortificati nella prassi, come vedremo, c'è un'organizzazione complessa. Riuniti in assemblea, i maestri venerabili costituiscono la gran loggia, che è una specie di parlamento del Grande Oriente. Un parlamento che si riunisce ogni anno a primavera in seduta ordinaria, per discutere gli affari generali della massoneria. Ogni tre anni l'assemblea elegge il capo dello stato, il gran maestro, e il governo nazionale, la giunta del Grande Oriente. Adempimenti molto simili ai riti della politica, con tanto di candidature contrapposte, programmi di governo, campagne elettorali. C'è anche una più minuta articolazione territoriale: per valli e per circoscrizioni.

Espressione esecutiva di un complesso edificio giuridico, che ha i suoi fondamenti nelle costituzioni di Anderson e nella costituzione del Grande Oriente, c'è una vera e propria giurisdizione massonica. Per le composizioni amichevoli si convoca il giurì d'onore. Quando la faccenda è più seria ci sono veri e propri giudizi, con tavole d'accusa e sanzioni che vanno dalla censura semplice alla censura solenne, con l'interdizione per tre anni dalle cariche, fino all'espulsione.

Tutto questo a livello di loggia: ma ci sono anche tribunali di circoscrizione, e c'è al vertice una corte centrale, che entra in azione quando l'offesa travalica i limiti della loggia o della circoscrizione, o quando ci sono di mezzo procedure di ricorso in appello. Anche la questione P2 si è conclusa, dal punto di vista massonico, davanti alla corte centrale del Grande Oriente. Era l'autunno del 1981, e alla corte centrale presiedeva Armando Corona, che successivamente sarà chiamato, come ventiseiesimo gran maestro, alla guida del Grande Oriente d'Italia.

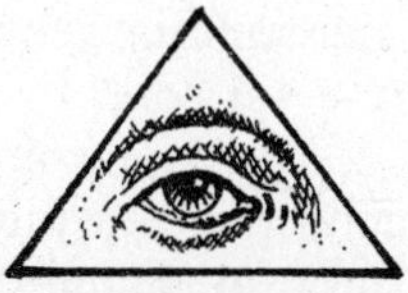

3. *L'oca e la graticola*

« A FIUME il papa porco!... » Nella tiepida notte romana, il grido sconvolge la processione salmodiante. È il 12 luglio del 1881, un corteo al lume delle torce accompagna la salma di Pio IX. Mastai Ferretti è morto da tre anni, e adesso il suo corpo viene trasferito da San Pietro a San Lorenzo fuori le Mura. L'assalto nella notte è improvviso: sono parecchie decine gli uomini che scattano bestemmiando dai vicoli e lanciano sassate. Urlano « a fiume... » e anche « viva Garibaldi, a morte i preti ». Irrompono sul corteo, strappano le torce ai fedeli e gliele spengono in faccia, poi cercano invano, trattenuti e respinti dalla forza pubblica, di avvicinarsi alla bara. Vorrebbero scaraventarla nel Tevere: affronto non privo, negli anni del Medio Evo romano, di qualche sinistro precedente.

Esce il giorno dopo, dalle ovattate stanze vaticane, la rituale accusa alla massoneria, la « setta satanica » che ancora una volta ha manifestato il suo furente anticlericalismo. Non pochi massoni, in effetti, fra gli assalitori del corteo funebre: secondo la testimonianza di Giuseppe Manfroni, commissario di pubblica sicurezza nell'incandescente frontiera del Borgo. Ma certo chiamare in causa la massoneria in quanto tale, attribuire al Grande Oriente la regia di una manifestazione così lontana dai requisiti elementari del buon gusto, è una generalizzazione forzatamente polemica. Non nuova, né priva di parallele corrispondenze dall'altra parte, usa a scaricare sul Vaticano, sistematicamente, gli eccessi di zelo dogmatico di qualche prete di campagna.

L'episodio polemico nato dall'assalto alle spoglie di Pio IX s'inquadra in una storia che di polemiche è tutta intessuta. In quel 1881, del resto, la divaricazione fra le due Rome è totale, e spiega molte cose. Da una parte la capitale del giovane Stato, che proprio a spese del temporalismo pontificio ha potuto completare l'unità. Dall'altra il papa che si presenta al mondo come prigioniero di un nuovo ordine, che mai potrà accettare.

Il papa prigioniero sa di avere nemica, nella società italiana e negli ingranaggi dello Stato usurpatore, la forza di una organizzazione misteriosa e inquietante, che agita i simboli e gli strumenti dell'arte muratoria, e pretende di costruire un futuro in cui, come pare evidente in questo 1881, per l'istituzione pontificia davvero non c'è posto. Non è la prima volta che le processioni cattoliche si scontrano con i cortei dei liberi muratori: né sarà l'ultima.

Eppure la massoneria era germinata dal corpo antico della tradizione cristiana, e a quello si è sempre riferita. Non è forse figlia della corporazione secolare che riuniva i costruttori di cattedrali? È vero che i massoni hanno via via rivendicato più antiche ascendenze, ma la filiazione storicamente accertata non lega a filo doppio la moderna massoneria speculativa all'antica, alla massoneria operativa?

Di grande splendore, di grande potenza, quest'ultima: in quel Medio Evo che vide l'Europa ricoprirsi di « una bianca veste di chiese », secondo le parole del cronista Rodolfo il Glabro. Straordinari monumenti dovuti alla perizia di un corpo internazionale di architetti, di artefici, di operai, che custodivano gelosamente i segreti del mestiere, e li trasmettevano con arcane cerimonie rituali. Riti che si svolgevano nella loggia, quell'edificio provvisorio che i muratori costruivano nel cantiere per custodirvi gli attrezzi, e che costruivano parallelo al tempio che via via gli sorgeva accanto. Cioè con andamento ovest-est, l'ingresso a ovest e un piccolo altare nel luogo segnato dal mitico nome di oriente.

Accanto a quell'altare sedeva un maestro venerabile. Perché venerabile? Perché non di rado quel maestro, direttore dei lavori, magari progettista, in ogni caso la massima autorità del cantiere, era un religioso. Toccava a lui di presiedere alle cerimonie d'iniziazione, di consegnare gli strumenti all'apprendista, di svelare all'apprendista i segreti del compagno d'arte, e più tardi al compagno i segreti più avanzati, quelli che consentivano la perfezione dell'arte.

Poi la costruzione di altre chiese chiamava altrove i muratori, e loro percorrevano le strade d'Europa con in testa quei meravigliosi segreti. La loro mobilità era assicurata e garantita da statuti speciali: ecco perché potevano chiamarsi liberi muratori, *franc maçons, free masons, Freimaurer*. Ecco perché la loro è detta arte reale. Non erano, quelli, tempi da passaporti o tessere professionali: così per farsi riconoscere dai compagni avevano i loro sistemi, certe strette di mano, un certo modo di disporre i piedi o di fare strani gesti. Bastava questo, per essere accolti nella nuova loggia, secondo il grado rivelato dal segno.

Poi con lo scorrere dei secoli viene meno la grande potenza degli anni d'oro: ma restano gli statuti antichi, che fissano doveri e diritti. Diritti che non mancano d'interessare gli estranei, quegli estranei ai quali già tocca la definizione, implicitamente sacrale, di profani. Così i muratori si vedono avvicinare da gente che uno scalpello non saprebbe nemmeno da che parte impugnarlo, gentiluomini, ricchi borghesi, e si sentono chiedere se non sarebbe possibile essere ammessi nella corporazione, essere accettati in loggia. Perché no: ma certo i massoni operativi ci hanno pensato su, prima di accogliere quelle strane richieste: possiamo immaginarli chini sui libri degli statuti, per constatare come non ci sia nessun limite alle iniziazioni, purché si tratti di uomini liberi e integri. Basta l'impegno del candidato a osservare gli antichi doveri, a sottostare al minuzioso rituale, ad accettare il principio dell'uguaglianza.

Nasce così una figura nuova, il massone accettato. Uno che non lavorerà mai con la pietra, anche se cinge il grembiule rituale e si dà da fare in loggia con gli strumenti del mestiere. Uno che farà della costruzione una grande metafora, destinata ad attraversare i secoli. Narrano le storie massoniche che il primo massone accettato fu un gentiluomo scozzese, John signore di Auchinlek, e che la sua iniziazione nella loggia di Edimburgo risale all'8 giugno del 1600.

Ma l'afflusso sarà presto intenso: entrare nella corporazione muratoria, affettare uguaglianza con gli artigiani, collocarsi al loro livello, per aristocratici e borghesi d'Inghilterra e di Scozia diventa una moda. Una moda utile, del resto: perché la protezione degli antichi statuti, la certezza di trovare dappertutto fratelli accoglienti e ospitali, la sottile ma robusta rete internazionale che si delinea rendono più agevole, in epoche di viaggi difficili e pericolosi, lo spostarsi da una città all'altra, da un paese all'altro.

Sono viaggiatori qualche volta misteriosi, quelli che si sono affidati al lasciapassare del simbolismo muratorio. Percorrono le strade del mondo rincorrendo affascinanti chimere: la pietra filosofale, il moto perpetuo, la panacea. A volte mostrano di prendere alla lettera se stessi e i propri miti: altre volte dichiarano che tutto ciò ha valore puramente simbolico.

E allora parlano di ricerca della luce, della verità, della parola perduta.

La vecchia Europa registra così la nascita della massoneria moderna, che si distingue dall'antica per essere, ormai, interamente ed esclusivamente speculativa. Secondo una periodizzazione ormai tradizionale il lieto evento si svolge a Londra, quartiere di Saint Paul, in una taverna che inalbera l'insegna dell'oca e della graticola. È il 17 giugno del 1717, numeri sui quali le interpretazioni simboliche sono evidentemente destinate a sbizzarrirsi. Nasce per iniziativa di quattro logge londinesi la gran loggia d'Inghilterra, che nel 1813, assorbita un'altra obbedienza inglese, diventerà gran loggia unita: e sarà a lungo il centro della massoneria universale.

Il secondo gran maestro della massoneria speculativa, George Payne, vuol mettere le cose in chiaro una volta per tutte: così affida a James Anderson, pastore presbiteriano, la redazione delle costituzioni massoniche. L'iniziativa deve molto anche al successore di Payne nella carica di gran maestro, il filosofo di origine francese Jean-Théophile Desaguliers. Il *Book of Constitutions* sarà pubblicato nel 1723: è insieme una storia della massoneria operativa, un compendio degli antichi doveri, un manuale di regole rituali, un corpo di diritto massonico.

Anderson vuol dare alle sue costituzioni un carattere definitivo, vuol metterle al riparo da bizantini dibattiti interpretativi. Così fa sapere che ha coronato la sua fatica con una cautelativa distruzione delle fonti. Le antiche carte, di cui ha trasferito nelle costituzioni la sintesi letterale e spirituale, non esistono più: inutile andare a verificare un significato ormai stabilito per sempre. Quindici anni dopo, nel 1738, sarà lo stesso Anderson a curare una seconda edizione del *Book of Constitutions,* in cui alla primitiva struttura regolamentare affianca una serie di variazioni.

È dunque una procedura costituzionale piuttosto singolare quella che sovraintende alla nascita della massoneria moderna. E del resto far coincidere questo evento con la fondazione della gran loggia londinese del 1717 è una semplificazione. In fondo, logge prevalentemente speculative ne esistevano già da tempo, già dalla seconda metà del secolo precedente. Mentre fino ai primi decenni dell'Ottocento ci saranno, qua e là, logge ancora in parte operative. È un passaggio graduale, quello che vede la metafora di una costruzione ideale dapprima affiancarsi, poi sovrapporsi, infine sostituirsi alla prassi costruttiva dei muratori. Quello che invece va indubitabilmente collocato nella prima metà del Settecento è l'impetuosa diffusione della massoneria nel mondo. Di questo fenomeno la nascita della gran loggia londinese è piuttosto parte che causa.

Anche se è proprio dalle Isole britanniche che parte la grande espansione: soprattutto grazie agli esuli giacobiti. Ancora negli anni '20 la massoneria vivificata dai nuovi contenuti speculativi sbarca sul Continente, per completare in pochi anni una marcia trionfale attraverso l'Europa. Poi si spingerà oltremare; la prima loggia americana viene fondata nel 1735, e presto la massoneria si diffonderà dal Massachusetts alle altre colonie americane di sua maestà, per poi essere ben presente, da una parte e dall'altra del fronte, nella guerra per l'indipendenza degli Stati Uniti. In Italia, la massoneria è approdata attorno al 1732, quando è attiva una loggia che un gruppo d'inglesi ha fondato a Firenze. Il primo italiano iniziato in Italia è Antonio Cocchi, medico, naturalista. Gli storici dell'arte reale hanno registrato la data: 4 agosto 1732. Sono gli anni in cui l'Europa intelligente si lascia sedurre dal fascino della loggia. Qualche nome? Voltaire, Herder, Goethe, Fichte, Mozart, Condorcet, Diderot, Helvetius, Goldoni, Casanova.

Ma che cos'è in pratica, la massoneria? La « figlia primogenita dell'intellettualismo settecentesco », dice Carlo Francovich. Lo stesso Francovich (*Storia della massoneria in Italia dalle origini alla rivoluzione francese*), spiega che il fenomeno è apparso « sotto il contrastante auspicio del razionalismo, professato da Locke e da Newton, e di quell'anelito preromantico al mistero, che affonda le sue radici nella tradizione occultista e nello spiritualismo medievale ». Interpretazione contraddetta da chi preferisce arretrare di un secolo le radici intellettuali della massoneria moderna. Come Giordano Gamberini, che indica nella predicazione di Fénelon, nella dottrina dell'amore puro, il germe filosofico del fenomeno. È semplicistico, dice Gamberini, considerare la massoneria figlia dell'illuminismo: se proprio un padre spirituale settecentesco vogliamo darle, sarà piuttosto Rousseau.

A proposito di radici, la massoneria non si accontenta certo della discendenza da una corporazione d'arte. È vero che il vangelo massonico trova, in Francia, il terreno fertile di una tradizione potente, il *compagnonnage*. Ma ci vuol altro, nella vecchia Europa continentale. Se l'enfasi egualitaria della discendenza muratoria soddisfa il palato inglese, sempre più borghesemente orientato, non è invece tale da accontentare il gusto eroico, la tradizione cavalleresca e guerresca dei francesi, l'impenitente romanticismo germanico, la sognante fantasia italiana. Inoltre nelle logge, aperte a tutti, l'atmosfera intellettuale non è sempre fra le più stimolanti.

All'austera massoneria corporativa dei tre gradi, apprendista, compagno d'arte, maestro, si accompagna e si sovrappone dunque una fantasmagoria di gradi, di rituali, di emblemi, di titoli, e al tempo stesso un luogo di raffinati approfondimenti. Siamo ai gradi di perfezione, allo scozzesismo. Stavolta le radici affondano in tutto quanto di eroico e di mistico è dato di trovare nella storia e nel mito: dalla tradizione biblica alle crociate, dai templari alla leggenda dei rosacroce.

Il rito scozzese si sviluppa per stratificazioni successive. E' dapprima André-Michel Ramsay a parlare di una massoneria presente sempre nella storia dell'umanità, e riscoperta dai crociati a Gerusalemme. Ramsay è un cavaliere scozzese, figlio di padre calvinista e madre anglicana, poi approdato al cattolicesimo per l'influsso di Fénelon. È stato iniziato nella loggia Horn di Westminster, la stessa di Montesquieu, e si propone l'obiettivo di conciliare la massoneria non soltanto con la nuova fede, ma anche con la cultura continentale. All'uguaglianza dell'arte muratoria si deve dunque affiancare la gerarchia cavalleresca.

La sovrapposizione della scintillante massoneria dei cavalieri alla più popolaresca massoneria corporativa si deve anche al ruolo degli esuli giacobiti, di gusto e tradizione eroici, nel trasferimento sul Continente dell'arte reale rivisitata, a Londra, in chiave esclusivamente speculativa. Al tempo stesso, la presenza in forze dei giacobiti fa sì che sin dall'inizio gli alti gradi abbiano una connotazione più dichiaratamente cattolica, rispetto a una massoneria azzurra che si sforza di mantenersi al di fuori di ogni dibattito religioso, nel segno di una programmatica tolleranza. Segno evidentemente obbligato, nell'Inghilterra pluriconfessionale.

Le costituzioni attribuite a Federico II (attribuzione piuttosto acrobatica, se è vero che il re prussiano ebbe a definire la massoneria « un gran niente ») portano i gradi scozzesi al numero fatale di 33. Nel 1802 da Charleston, Stati Uniti, parte una lettera « ai due emisferi », in cui si annuncia la creazione di un supremo consiglio « madre del mondo » e la sistemazione definitiva del rito scozzese, di cui si confermano i 33 gradi, il rutilante simbolismo, l'immagine eroica e cavalleresca.

La massoneria è ormai diventata una ragnatela internazionale. E ormai da molti decenni subisce i fendenti del potere pontificio. La prima di una lunga serie di bolle papali di condanna è la scomunica di Clemente XII, datata 1738. Sull'insieme dei travagliati rapporti chiesa-massoneria torneremo più avanti. Per ora preme registrare che il papa spiegò la necessità del provvedimento, il più grave dal punto di vista cattolico, non soltanto col fatto che la massoneria sarebbe aperta a ogni religione o setta, non soltanto perché i massoni si vincolano al segreto sotto giuramento, ma anche *causis nobis notis*. E sul fatto che queste cause a noi note fossero eminentemente politiche non sono possibili dubbi.

Oltretutto sta ormai crollando, in quegli ultimi anni '30, una tenace illusione papale: che sia possibile una restaurazione giacobita in Inghilterra, e che le logge cattoliche, in non piccolo numero anche oltre Manica, possano dare una mano. Presto la battaglia di Culloden cancellerà ogni dubbio, ma già ora Roma si decide al gran passo. Le logge sono una sede di dibattito: questo il punto. Una società segreta internazionale, alla larga.

Questa società segreta che tanto allarma il papa è ormai discretamente diffusa nell'intera Penisola: in Toscana soprattutto ma anche a Napoli, anche nel Nord, dove le prime logge sono state fondate da ufficiali austriaci. Intanto si diffondono per l'Italia, accolti con attento interesse, gli echi delle polemiche fiorentine contro la cultura formalistica dei gesuiti, polemiche rese stuzzicanti dal pepe della provocazione anticonformista e anticlericale. E anche delle prime cacce alle streghe. Proprio a Firenze, nel 1739, viene arrestato un giovane intellettuale, Tommaso Crudeli. Oltre a comporre apologhi e versi, costui ha il torto di frequentare la confraternita dei « Frimesson », come si legge nelle carte dell'epoca. Subisce il processo dell'Inquisizione, cercano con la tortura di strappargli il segreto, il fantomatico segreto massone, alla fine lo liberano per l'intervento del granduca Francesco di Lorena. Crudeli deve impegnarsi, dopo aver subito un anno e mezzo di carcere, a non muoversi dalla sua casa di campagna. Oggi, a Firenze, tre logge massoniche portano il suo nome.

Anche a Napoli, nel 1751, sarà tempo di repressione antimassonica: in coincidenza stavolta con la bolla di condanna di Benedetto XIV. E a chi se non ai massoni, in queste circostanze, si dà la colpa del mancato miracolo di san Gennaro? Repressioni e cacce alle streghe, del resto, non fermano la diffusione delle logge nella penisola italiana, favorita dalla stanchezza del presente, dall'ansia di novità, dalla curiosità intellettuale.

In una certa fase, parallelamente alle fortune francesi delle logge templari, la cosiddetta stretta osservanza, anche in Italia si diffonde questo tipo di massoneria più fortemente esoterica, più ritualista: che corrisponde all'immissione nella corrente massonica di rivoli nuovi tratti da tradizioni consolidate di occultismo, di alchimia. In particolare la nobiltà napoletana, di tradizioni spagnolesche, è sedotta dalle marziali gerarchie degli alti gradi. Più tardi, il secolo dei Lumi favorisce il rilancio di una massoneria razionalista e illuminista, cui vanamente si contrappone un fenomeno come la massoneria egiziana di cui Giuseppe Balsamo, sedicente conte di Cagliostro, che se ne è autoproclamato il gran cofto, agita l'emblema misterioso: un serpente trafitto da una freccia.

Con la Rivoluzione francese muore la massoneria settecentesca, destinata a una pronta rinascita con Napoleone, sia pure con caratteri nuovi. Ha avuto una funzione importante, come osserva Francovich: « Fu un elemento di progresso nella storia della civiltà europea », anche perché « offrì asilo nel segreto delle logge alle idee non conformiste » e perché diffuse « gli elementi essenziali della convivenza democratica, con la libera e ordinata discussione tra 'fratelli', con la eleggibilità e la temporaneità delle cariche ». Ma non si può dire, come è stato detto, che la massoneria in quanto tale sia stata fra gli elementi motori della Rivoluzione francese.

La Rivoluzione, piuttosto, ha visto massoni dall'una come dall'altra parte della barricata: e se intelligenze massoniche dominavano la Francia rivoluzionaria, certo non erano latitanti nell'Inghilterra controrivoluzionaria. Massoni alla Convenzione parigina, ma anche fra gli emigrati che combattevano la rivoluzione, fra gli aristocratici mandati alla ghigliottina. Così in Italia: dove per esempio vediamo la rivoluzione napoletana del 1799, animata da personalità massoniche come Domenico Cirillo, Mario Pagano, schiacciata dall'alleanza fra il massone inglese Horatio Nelson e il cardinale romano Fabrizio Ruffo, il bellicoso capo delle bande sanfediste.

Con l'epoca napoleonica, dunque, anche in Italia i liberi muratori hanno ripreso a frequentare le loro logge. Ma ormai si tratta di uno « strumento addomesticato », per usare le parole di uno scrittore massone, Ulisse Bacci (*Il Libro del massone italiano*). Le logge, durante il Primo Impero, spiega Bacci, non erano che « anticamere delle prefetture e dei comandi d'armata ». La massoneria è favorita dal nuovo potere, che trova politicamente opportuno affratellare nelle logge gli ufficiali e i funzionari francesi con i loro amministrati italiani.

È proprio in epoca napoleonica che la massoneria italiana si dà per la prima volta una struttura organizzativa. Nasce infatti nel 1805, tre anni dopo che la « lettera ai due emisferi » ha varcato l'Atlantico, il supremo consiglio del rito scozzese. Tre mesi dopo – ancora nel 1805 – nasce il Grande Oriente d'Italia: si determina così un rapporto atipico, una specie di limitazione incrociata delle competenze, fra ordine e rito. Infatti la creazione della prima organizzazione simbolica italiana, il Grande Oriente di rito scozzese antico e accettato, era discesa dalla volontà del supremo consiglio.

Nell'Europa della restaurazione c'è un nuovo rilancio della mania massonica delle autoattribuzioni storiche. In Francia, dove proliferano gli ordini massonici, « si pretende di resuscitare l'ordine dei Templari », registra lo storico Félix Ponteil (*L'éveil des nationalités*). Nasce il rito di Misraim, che fa discendere la libera muratoria, perché no, dalla creazione del mondo.

In Italia, dove l'inquieto reducismo napoleonico vive l'antivigilia del risorgimento, la massoneria produce quella che è stata definita una « figlia bastarda ». La produce nella clandestinità, perché negli anni della santa alleanza la massoneria italiana è perpetuata soltanto dagli alti gradi scozzesi, che sono conferiti a vita e quindi sopravvivono ai periodi di paralisi associativa.

La figlia bastarda della massoneria è la carboneria. Perché

bastarda? Perché i rapporti fra le due organizzazioni sono abbastanza superficiali, anche se è evidente l'ispirazione massonica nei rituali carbonari. Ma non si va molto oltre: infatti a una società iniziatica, la massoneria, si contrappone con la carboneria una società politica. Inoltre la massoneria è cosmopolita, la carboneria nazionalistica; la massoneria è lealista o indifferente, la carboneria rivoluzionaria. Ciò non toglie che, in Italia come in Francia, la massoneria condivida la diffidenza governativa nei confronti delle società segrete.

L'identificazione massoneria-carboneria era una delle pietre angolari di un edificio destinato fatalmente a essere ridimensionato dall'analisi critica: l'edificio del risorgimento massonico. Non è stata la massoneria a fare l'unità d'Italia, anche se resta vero che al movimento ha contribuito una parte dello spirito massonico, che la carboneria deve qualcosa alla tradizione dei liberi muratori, che furono massoni alcune fra le personalità di primo piano, o di primissimo piano come Garibaldi.

Ma la leggenda del risorgimento massonico è da confutarsi. E per farlo basta ricordare una data: 8 ottobre 1859. Quel giorno, a Torino, la costituzione della loggia Ausonia rappresenta la rinascita organizzata della massoneria in Italia dopo la lunga eclisse seguita alla caduta di Napoleone. 1859: troppo tardi per promuovere un movimento unitario che ormai la conquista franco-sarda della Lombardia ha reso inarrestabile. Ma certo non troppo tardi per dare, a quel movimento, le spinte ulteriori di cui ha bisogno.

In particolare la poderosa spinta garibaldina. Il futuro conquistatore delle Due Sicilie era stato iniziato ai segreti dell'arte muratoria durante il lungo soggiorno sudamericano. Apprendista nella loggia Asilo de la Vertud di Montevideo, nel 1844, successivamente regolarizzato presso la loggia di obbedienza francese Les Amis de la Patrie, ancora a Montevideo. Più tardi, Garibaldi frequenta logge a Londra e a New York. Nel 1860, a Palermo, durante la spettacolosa impresa dei Mille, alterna la frequentazione della loggia agli impegni politici e militari.

Quindi una folgorante carriera massonica. Nel '62 sovrano gran commendatore del rito scozzese a Palermo, nel '64 gran maestro del Grande Oriente d'Italia, che ha sede a Firenze, più tardi gran maestro onorario a vita e « primo massone d'Italia ». Un anno prima della morte, Garibaldi viene insignito del 96° grado di un rito egiziano, il rito riformato di Memphis e Misraim: grado che corrisponde al titolo piuttosto impegnativo di gran jerofante.

Come rileva Aldo A. Mola (*Garibaldi vivo*), il vecchio guerrigliero ormai infastidito da molte delusioni politiche si rivolge a quel rito, fortemente verticizzato, perché « gli consentiva di lanciare iniziative a livello internazionale... al di fuori e senza 'compromettere' le organizzazioni massoniche 'nazionali' ».

La lunga militanza massonica di Garibaldi, del resto, non è priva di attriti. In una lettera allo storico Alessandro Luzio, autore di un celebre saggio su *La Massoneria e il Risorgimento italiano*, Alfredo Comandini cita una testimonianza di Stefano Canzio, che descrive il generale suocero « arciseccato della massoneria », al punto che « ha mandato al diavolo il Grande Oriente e tutte le cose ». Nel medesimo documento Comandini osserva che « Mazzini era troppo *io* per lasciarsi prendere in quell'ingranaggio; Garibaldi invece veniva trascinato dappertutto; all'estero aveva avuto i benefici della solidarietà massonica, e la massoneria mise capo a lui... »

La considerava, in realtà, uno dei tanti strumenti da porre al servizio del processo unitario. Per questo, doveva essere unita essa stessa. « Io sono del parere che l'unità della massoneria trarrà a sé l'unità politica d'Italia... io reputo i massoni eletta porzione del popolo italiano... » Unita, la massoneria in Italia non è stata quasi mai. All'epoca cui Garibaldi si riferisce c'è un Oriente a Firenze, figlio della massoneria simbolica rinata nel '59 a Torino, e un Oriente a Palermo: con posizioni politiche rispettivamente moderata e democratica. Inoltre due supremi consigli del rito scozzese, uno a Torino e l'altro a Firenze.

Una eterogeneità che corrisponde alle articolazioni internazionali del fenomeno. Si sono ormai delineati due grandi filoni: una massoneria inglese lealista, conservatrice, elemento di stabilità, e una massoneria francese contestatrice, tendenzialmente ribelle, fortemente avversa al potere pontificio e, in genere, a tutti i poteri. Il vertice della massoneria rinata a Torino guarda verso Londra. Ma perché Londra accetti la richiesta di riconoscimento, avanzata nel 1862 dal gran maestro provvisorio Costantino Nigra, dovranno passare centodieci anni.

Nigra e Garibaldi: il cauto diplomatico cavouriano e il guerrigliero che parla fuori dai denti. Due figure esemplari per rappresentare la varietà della massoneria italiana. Anche fra i liberi muratori è ben presente quel dualismo, come si diceva allora, che contrassegna l'Italia del secondo Ottocento. Quelle che con espressione un po' logora vengono definite le due anime della massoneria italiana, l'anima moderata e l'anima progressista, sono entrambe ben presenti: né la vernice dell'anticlericalismo, la rabbiosa connotazione ghibellina, saranno sufficienti a recuperare una impossibile unità.

Così non restano che due strade all'istituzione dei liberi muratori. Rifugiarsi nell'apatia politica che gli antichi statuti prescrivono, o trasferire la sua influenza dal piano strettamente politico al piano della gestione. Anche qui la scelta non è netta. Ma certo è un fatto che la presenza massonica ai vertici della società italiana è destinata, negli anni fin oltre il 1900, a farsi sempre più importante. Con il favore della corona, la massoneria riempie il vuoto di rappresentanza e di organizzazione che soltanto più tardi sarà occupato dai partiti.

Un altro fatto va sottolineato: prima di approdare a Roma, la capitale del neonato regno d'Italia si stabilisce per cinque anni a Firenze. Firenze, che è anche la capitale storica della massoneria italiana, al centro della regione in cui le affiliazioni, allora come oggi, sono più diffuse. Anche questo, è evidente, contribuisce a dare allo stato un'immagine e una caratterizzazione massonica. Si arriveranno a contare fino a trecento fratelli in una singola legislatura della camera dei deputati: e del resto la grande sala di Montecitorio attigua all'emiciclo non si chiama forse, come il locale di rappresentanza della loggia, atrio dei passi perduti?

È verso la fine del secolo che sulle sorti della massoneria italiana comincia ad aleggiare lo spirito non propriamente massonico della volontà di gestione del potere. Nel 1885 viene eletto gran maestro un fratello livornese, Adriano Lemmi. Un massone di grande prestigio, Francesco Crispi, mette in guardia i figli della luce: attenzione, avverte, la politica è profana, resti fuori del tempio. Ma Lemmi, uomo di grandi capacità organizzative, è risolutamente deciso a rivendicare alla comunità massonica un ruolo importante nell'Italia nuova che si va irrobustendo. Con quali conseguenze?

« La Massoneria diventò », scrive uno specialista cattolico non ostile come Rosario Esposito (*La Massoneria e l'Italia dal 1800 ai nostri giorni*), « una gobba della giovane nazione, un'affezione patologica che non le consentiva di crescere normale ma la manteneva vittima di uno strano rachitismo. » Il Fratello ammette: « Certo, fu un errore grave il cedere alla tentazione della politica, un errore e una violazione statutaria. Ma non esageriamo nell'analisi delle conseguenze... »

Di Lemmi, Esposito scrive che aveva « la mania di governare da dietro le quinte la cosa pubblica ». Una mania destinata a non rimanere isolata, nella storia massonica italiana. Ponendo l'accento sull'enfasi anticlericale dell'era di Lemmi – erano gli anni in cui il massone Giosue Carducci scioglieva il suo inno a Satana – Esposito parla di « piccolo Kulturkampf » italiano, riferendosi alle lotte contro l'influenza religiosa nella Germania bismarckiana.

Ad Adriano Lemmi, che ha il suo daffare al tempo dello scandalo della Banca Romana e che cade sul fronte delle polemiche attorno alla politica del fratello Crispi, succede nel '95 Ernesto Nathan. Ebreo, nato a Londra da padre tedesco e madre italiana, naturalizzato italiano soltanto nel 1888, costui è destinato alla carica di sindaco di Roma. Non è soltanto una specie di sintesi personale dell'internazionalismo massonico: è anche un uomo di prim'ordine. Lo stima perfino Leone XIII, che ha per lui parole di elogio. Si racconta un aneddoto. « Ma è ebreo, santità... » obiettano nelle stanze vaticane. « Non importa, risponde il papa: certo, se non fosse frammassone... » Con Nathan, più ancora che con Lemmi, la massoneria italiana diventa protagonista della vita politica nazionale.

La polemica cattolica contro il « vaticano verde » di palazzo Giustiniani è sempre più virulenta, così come gli attacchi di una massoneria che, vicina anche in questo alle logge francesi, sta studiando se non sia il caso di eliminare dai rituali e dai documenti la tradizionale intitolazione al Grande Architetto dell'universo, che pure è uno dei capisaldi della massoneria universale.

È in questo clima che matura, nei primi anni del secolo, la scissione di piazza del Gesù. Ma non sarà soltanto il dibattito attorno ai rapporti con la chiesa cattolica a determinare la frattura. Ci sono di mezzo anche altre ragioni: per esempio la proposta di unificare i due riti, scozzese e simbolico, che il Grande Oriente ammette insieme. E ci sono, quasi sempre inseparabili da simili vicende, ambizioni personali, lotte per la supremazia. Così come il desiderio di « uscire dalla politica », la tendenza a un rilancio dei motivi classici della massoneria, spiritualismo, esoterismo. Ma certo è in ballo un anticlericalismo ormai intriso di ateismo, e una crescente attenzione, nelle logge, alla critica di chi richiama il movimento al rispetto di quella norma che impone un salutare distacco dalla politica.

L'occasione dello scisma è il dibattito parlamentare attorno all'insegnamento della religione nelle scuole elementari. Nel febbraio del 1908 Leonida Bissolati invita il governo, con una mozione che reca molte autorevoli firme della sinistra parlamentare, ad « assicurare il carattere laico della scuola elementare, vietando che in essa venga impartito, sotto qualsiasi forma, l'insegnamento religioso ». Una parte dei deputati massoni vota in modo « non massonico », cioè contro la mozione Bissolati. Di qui le tavole di accusa e il processo secondo la consuetudine dei liberi muratori.

Ma il luogotenente del rito scozzese, Saverio Fera, vuole sottrarre i parlamentari accusati al giudizio massonico. Fera è un pastore evangelico, sensibile quindi al tema religioso e al tempo stesso insospettabile di collusioni vaticane: ma non altrettanto insospettabile di bene orchestrati giochi di potere. Il 24 giugno 1908 – Ettore Ferrari regnante al vertice del Grande Oriente d'Italia – Fera stacca il rito scozzese da palazzo Giustiniani portandosi via sigillo e tesoro, e installa un nuovo Oriente in via Ulpiano.

Presto ci sarà un altro trasferimento e dal nuovo indirizzo, piazza del Gesù, prenderà il nome la seconda massoneria italiana. Numerosi riconoscimenti internazionali premiano, pochi anni dopo la scissione, il preteso disimpegno politico di piazza del Gesù. Soltanto sessantacinque anni più tardi gli scismatici torneranno all'ovile di palazzo Giustiniani. Anche se già nel 1917 il Grande Oriente poté riassorbire in realtà una buona parte dei transfughi, e altri più avanti: secondo una mobilità fra i due gruppi che non sempre risponde a disinteressate esigenze iniziatiche.

Lo scisma del 1908 ha avuto comunque effetti disastrosi

sull'immagine della confraternita muratoria: quell'anno è finita la stagione aurea della massoneria in Italia. Ormai i fratelli hanno un sacco di nemici, e non possono nemmeno affrontarli uniti. Hanno nemiche le istituzioni religiose, che presto cominceranno a flirtare con piazza del Gesù, confinando i giustinianei nel ghetto della tradizione anticlericale. Hanno nemici i socialisti, che su proposta di un loro facondo dirigente, Benito Mussolini, sanciscono l'incompatibilità fra le due militanze: scegliete compagni, o nel partito o nella loggia. Hanno nemici i nazionalisti, che nel 1911 celebrano la loro orgia di passione coloniale (coinvolgendo, è vero, il massone Giovanni Pascoli: « la grande proletaria si è mossa... »), e da allora in avanti rappresentano una forza di primo piano nel panorama politico.

Insomma, la massoneria comincia a sentirsi isolata. Nasce perfino attorno al fatale 1914, e si sviluppa, un movimento neocarbonaro: segno di tempi difficili. Attaccano la massoneria i socialisti perché borghese, l'attaccano i nazionalisti perché internazionalista. Finirà che alla vigilia della guerra Ferrari e Nathan dovranno accreditare una massoneria interventista, sia pure nel filone dell'interventismo democratico. Che ha il pregio, se non altro, di contrapporsi al pacifismo cattolico e alla controretorica della « inutile strage »... E che vale a moltiplicare il tradizionale richiamo dell'arte reale nei confronti delle forze armate. Illustri generali, del resto, hanno da tempo esplorato i misteri di Hiram: da Oreste Baratieri, sfortunato comandante in Abissinia, a Luigi Capello, conquistatore di Gorizia nel '16.

È dunque un dopoguerra enigmatico e inquietante quello che Domizio Torrigiani, il nuovo gran maestro chiamato nel giugno del 1919 a succedere al secondo mandato di Nathan, si trova a dover affrontare alla guida della massoneria. « Salgo giovane e oscuro a un seggio illustre », dice il nuovo capo del Grande Oriente. Ormai la libera muratoria ha imparato a difendersi dai nemici assumendone tematiche e finalità.

Ora, dopo l'ubriacatura nazionale della vittoria, la massoneria asseconda le ardenti ambizioni di chi vuol continuare a menar le mani: la preparazione dell'impresa fiumana di D'Annunzio ha visto l'Oriente attivamente impegnato. E non soltanto palazzo Giustiniani: è in corso infatti una gara con piazza del Gesù per assicurarsi i favori del vate; e le ambite adesioni degli alti ranghi militari. Non ha forse mostrato, la massoneria, di sapersi schierare in difesa dei suoi uomini minacciati, quando ha salvato il fratello Pietro Badoglio dalle conseguenze di Caporetto? Ma più tardi Torrigiani comincia a prendere le distanze dalla « sedizione militare », e anche questo alla fine contribuisce all'isolamento di D'Annunzio nella sua ultraretorica reggenza del Carnaro.

Ormai si addensa sull'Italia, senza risparmiare la volta stellata delle logge, una tempesta che sarà difficile affrontare con la tecnica diletta dell'assorbimento. La nascita del fascismo, del resto, non è priva di contributi massonici. Erano massoni i cosiddetti ras della Padania, da Farinacci a Grandi, fino a Balbo, affiliato a una loggia obbediente a piazza del Gesù.

Nel drammatico ottobre del '22, Torrigiani definisce ciò che sta accadendo una « rivolta necessaria ». Ma al tempo stesso avverte: « ... se s'imponesse una dittatura... tutti i liberi muratori sanno quale sarebbe il loro dovere... queste sono cose sacre... per le quali... si può vivere e si può morire ». Più tardi il gran maestro spiega che bisogna adoperarsi per spingere il governo fascista verso sinistra, allontanandone nazionalisti e « ferani », cioè gli scismatici di piazza del Gesù, ora non più guidati da Saverio Fera, ma da Raoul Palermi.

Tuttavia la morsa si stringe, le illusioni di Torrigiani sulla possibilità di un governo fascista di sinistra cominciano a vacillare. « Prepararsi all'opposizione se il governo assumesse forme dittatoriali », si dice a palazzo Giustiniani verso la fine del '22. Che cosa spiega l'ostilità di Mussolini verso la massoneria? Da un lato la pressione degli alleati nazionalisti, dall'altro il fatto che il futuro duce intravede già, davanti a sé, la strada della conciliazione col Vaticano.

Così, nel febbraio del '23, il gran consiglio del fascismo stabilisce quello che molti anni prima aveva stabilito il congresso socialista: incompatibilità fra partito e massoneria. Insomma, non si può essere insieme massoni e fascisti. I fascisti massoni si giustificano: siamo entrati nelle logge, è evidente, per farvi proselitismo. Il Grande Oriente risponde: « Noi non possiamo né dobbiamo essere cospiratori... » Come osserva Aldo A. Mola (*Storia della massoneria italiana dall'unità alla repubblica*), « Torrigiani aveva ormai accettato di confrontarsi con il fascismo sul piano imposto da Mussolini: quello della sopravvivenza dell'Istituzione ».

Ma non gli servirà. Ormai si dà l'assalto alle logge, lo squadrismo trionfante considera i templi massonici alla stessa stregua delle aborrite camere del lavoro, o dei superstiti giornali sovversivi. Luigi Federzoni, uno dei capi del movimento nazionalista, diventa ministro dell'Interno, e per i liberi muratori si mette davvero male. Oltretutto la gran loggia di piazza del Gesù cerca di salvare se stessa lanciando accuse contro i rivali di palazzo Giustiniani, accuse di ateismo e di impegno politico, dunque accuse destinate a trovare orecchie attente oltre confine.

Ormai siamo al 1925, e il cerchio si stringe rapidamente. Non ha forse detto Giovanni Gentile che « la massoneria non deve essere giudicata, ma combattuta »? Alfredo Rocco, il ministro di Grazia e Giustizia che proviene, come il suo collega dell'Interno, dalle file nazionaliste, presenta alla camera la legge sulla regolarizzazione delle associazioni. È il 16 maggio, la definitiva approvazione da parte del senato avverrà sei mesi dopo, a novembre. A due terzi di questo cammino, nel settembre, un avvenimento che sarebbe azzardato considerare casuale. A Firenze, la capitale storica della massoneria italiana, le squadre fasciste vengono mandate all'assalto contro i massoni. È la strage descritta da Vasco Pratolini nelle sue *Cronache di poveri amanti*: quattro uccisi, molti feriti, case e logge saccheggiate. Il 4 novembre, pochi giorni prima del varo senatoriale della legge sulle associazioni, il massone Tito Zaniboni viene sorpreso in un albergo romano prospiciente palazzo Chigi mentre sonnecchia accanto a un fucile di precisione: stava aspettando il momento propizio per l'attentato a Mussolini. Coinvolto un altro massone illustre, il generale Luigi Capello, che continuerà sempre a negare ogni partecipazione al complotto.

La polizia occupa le logge, poco dopo Torrigiani ne decreta lo scioglimento. Gli archivi, le liste, vengono sequestrati e dispersi. Per anni, i figli della luce sussulteranno imbattendosi nei sacri utensili, nei gioielli rituali, sui banchi dei rigattieri. Non si sono voluti mettere in salvo gli elenchi degli affiliati, argomenta Mola, per evitare che alla legge sulle associazioni venisse attribuito valore retroattivo. In questo caso, infatti, essa avrebbe coinvolto i molti fascisti illustri i cui nomi figuravano nelle liste. Inoltre l'organigramma massonico rappresentava un impegno personale: o meglio lo sottolineava, perché non c'è decreto che tenga contro il fatto che un libero muratore, una volta iniziato, resta tale per sempre se non viene personalmente espulso da un tribunale massonico.

Comincia così la lunga diaspora, e per Domizio Torrigiani ci sarà, nel '27, la condanna a cinque anni di confino. Così Rosario Esposito commenta la vicenda che vide contrapposti, fra la fine della guerra e l'instaurazione della dittatura mussoliniana, il gran maestro e l'incalzante fascismo: « Torrigiani fece di tutto per metterlo in servizio, o per lo meno d'accordo con l'Ordine, e pagò di persona tutte le sue illusioni ». Anche il rito, del resto, cercò fino all'ultimo di salvare la massoneria pagando un tributo verbale al fascismo trionfante: « Non serbiamo rancore al giovane Partito », scriveva nel '23 il sovrano gran commendatore Ettore Ferrari, « che nel tumulto dell'azione non ha forse trovato ancora l'agio delle tranquille meditazioni ».

4. *Di nuovo in loggia*

Il 4 dicembre del 1944 le avanguardie delle truppe alleate in Italia, in marcia verso nord, fanno uno strano incontro sulla via di Ravenna. Un giovane vestito di scuro, con una fascia bianca attraverso il petto, e gli emblemi del trentatreesimo grado del rito scozzese, con tanto di aquila bicipite. È la massoneria italiana che esce dall'ombra, salutando la liberazione del paese. Sono passati diciannove anni da quel 1925 che ha visto l'instaurazione della dittatura, l'irruzione nelle logge della polizia di Federzoni, il decreto di scioglimento firmato dal gran maestro Torrigiani, poi destinato al confino. Diciannove anni di eclisse, e ora l'incontro sulla strada di Ravenna, la parentesi che sta per chiudersi.

Un ricordo indimenticabile per Giordano Gamberini, il protagonista di quell'incontro. « Quando sentii che finalmente si avvicinavano alla città, mi misi le insegne del grado e corsi fuori. Avevo trent'anni, la mia vita massonica si era svolta nella clandestinità imposta dal fascismo. Mi aveva iniziato in una loggia di Milano, la Umanità e Progresso, il venerabile Tito Signorelli. La loggia si riuniva nei locali del tempio evangelico di corso Garibaldi. Nel '43, poi, il 20 settembre, giorno anniversario della presa di Roma che per noi massoni è festa tradizionale, avevo ricevuto la fascia da 33: proprio a Roma, dal sovrano gran commendatore Dunstano Cancellieri.

« Così quel 4 dicembre volevo mostrarle in pubblico, le mie insegne di sovrano grande ispettore generale. Mi chiedevo: chissà se fra i liberatori c'è qualche fratello. Subito fuori città, la prima pattuglia alleata: una decina di soldati canadesi. Erano con loro tre corrispondenti di guerra britannici: ecco perché l'episodio ebbe una certa pubblicità... »

Il massone che dà il benvenuto, nel '44, alle truppe alleate è destinato, diciassette anni più tardi, a prendere il posto di Torrigiani alla guida del Grande Oriente d'Italia. Del predecessore travolto dal fascismo riprenderà le parole d'investitura: « salgo giovane e oscuro a un seggio illustre... ». È uno studioso romagnolo, un'autorità internazionale in materia di scienze esoteriche. Ha diretto gli *Acta gnostica*, organo della chiesa cattolica di rito antico e gnostico, di cui è vescovo. Si tratta di un'organizzazione tradizionale, ormai da tempo in sonno.

Gamberini presiede alla Casa Matha di Ravenna, che è la più antica corporazione sopravvissuta in Italia: dopo che per secoli ha rappresentato e tutelato i pescatori delle lagune ormai scomparse che facevano corona alla città, amministra oggi un vasto patrimonio agricolo. La Casa Matha, fatto unico in Italia, ha ottenuto il riconoscimento pubblico senza dover presentare gli antichi statuti: singolare intrusione di diritto consuetudinario all'inglese nel nostro ordinamento. Di questa Casa Matha Giordano Gamberini è il primo massaro, carica che dal 1390 designa il capo della corporazione, prima di allora detto capitolare.

Il primo massaro della Casa Matha, ex gran maestro del Grande Oriente d'Italia, ricorda che durante il ventennio della dittatura la massoneria clandestina fu tenuta in vita da « una circolazione linfatica se non proprio una circolazione sanguigna ». Molti massoni avevano partecipato alla resistenza: e ora, nell'ebbrezza della liberazione che ormai, è questione di mesi, sta per estendersi al paese intero, è tempo di guardare al futuro.

Ma prima, ci sono gravi ferite da rimarginare. Com'è uscita la massoneria, nel suo complesso, dalla sotterranea traversata del deserto fascista? Dalla « tormenta ventennale », come la definisce Umberto Gorel Porciatti (*Simbologia massonica – Massoneria azzurra*), « che ha perseguitato i Massoni, ne ha distrutti i Templi, disperso il patrimonio d'insegnamento e quello morale... »?

Intanto c'è da ricordare che ancora non si sono spenti, nel fervido dopoguerra che si annuncia, gli echi dei furibondi attacchi che il fascismo ha portato fino all'ultimo contro la massoneria. Giovanni Preziosi, esponente del più fanatico estremismo filonazista, non ha forse ripetuto e fatto ripetere che gli ebrei, i massoni e i democratici sono la lebbra dell'umanità? Poi bisogna distinguere: da una parte c'è palazzo Giustiniani, la grande corrente maggioritaria che è uscita bene dall'esperienza clandestina, forte del prestigio rappresentato dalla condanna di Torrigiani; dall'altra c'è piazza del Gesù, che nel dopo-fascismo non ha le carte altrettanto in regola. L'ultimo gran maestro della comunione nata dallo scisma di

Saverio Fera, Raoul Palermi, non ha mancato di scendere a plateali compromessi con il regime.

È proprio Palermi il primo, nel '43, a proclamare la rinascita massonica. Rifonda infatti la sua gran loggia, ma presto dovrà pagare il prezzo dei suoi accomodamenti, e lasciare la carica di gran maestro a Gustavo Scervini. Nel '43 è risorta a Roma anche l'organizzazione scozzesista, con la rifondazione del supremo consiglio del rito.

Di rifondazioni massoniche, del resto, è tutto un proliferare, a Roma e non soltanto a Roma, negli anni attorno al '45. Alcune delle nuove formazioni, come il gruppo di palazzo Brancaccio guidato da Arturo Labriola, che più tardi verrà assorbito da palazzo Giustiniani, sono fortemente caratterizzate dai temi e dallo spirito del fuoriuscitismo. Altri, come il gruppo di via Cicerone, accentuano l'antico motivo deista. Giulio Cesare Terzani, che è stato podestà durante il fascismo, fonda un'obbedienza filocattolica e anticomunista. Da piazza del Gesù escono in rapida successione due gruppi: il primo, guidato dal principe Alliata di Montereale, deputato monarchico siciliano, che ha fondato la serenissima gran loggia degli ALAM (Antichi Liberi e Accettati Massoni), verrà assorbito da palazzo Giustiniani. Anche se più tardi il principe, noto per avere appoggiato il movimento separatista siciliano, lascerà anche il Grande Oriente per ricostituire una nuova obbedienza minoritaria, che ancora una volta si fregia del titolo ormai collaudato di piazza del Gesù.

Il secondo gruppo transfuga dai « gesuiti », denominato gran loggia d'Italia degli ALAM, viene fondato da un ufficiale dell'aeronautica, Giovanni Ghinazzi, che è uscito da piazza del Gesù dopo uno scontro col gran maestro Tito Ceccherini. La massoneria di Ghinazzi si distingue per un dettaglio importante: ammette anche le donne ai riti e ai misteri della loggia.

Così ricorda quella fase un fratello di lunga militanza massonica: « Erano anni di germinazione spontanea. Il lungo incubo era finito: l'idea che si potesse riprendere a riunirsi in loggia, ecco, era un'idea inebriante. Germinazione spontanea, ho detto, perché la massoneria è una cosa che nasce dal basso. Nascono prima le logge, poi i Grandi Orienti. Per la rifondazione del Grande Oriente c'è voluta la costituente massonica del 1949: quello è stato il punto d'arrivo del tumultuoso processo di rinascita degli anni precedenti ». Soltanto da allora in avanti, spiega il nostro interlocutore, si sono determinati problemi di regolarità. Così come soltanto da allora scatterà quel processo di parziale riaggregazione delle obbedienze, che porterà i gruppi Labriola e Alliata a riconoscere l'autorità del Grande Oriente.

In quell'inquieto dopoguerra, dunque, è stato palazzo Giustiniani a vincere la partita. La formale rifondazione è del 1949, il primo gran maestro è Guido Laj. È la terza volta, dopo il 1805 e il 1859, che nasce in Italia il Grande Oriente. Questa volta c'è più chiarezza, nei rapporti tradizionalmente complessi che legano il Grande Oriente al supremo consiglio, la massoneria azzurra agli alti gradi. Infatti fino al 1922 c'era una specie di divisione dei compiti: al Grande Oriente la rappresentanza esterna della massoneria, al supremo consiglio del rito scozzese l'ultima parola in fatto di organizzazione rituale.

Nel '22, dunque, il Grande Oriente recupera intera la propria sovranità sulle logge azzurre, e il supremo consiglio rinuncia a ogni interferenza nella massoneria simbolica. Qualche anno dopo, quando ormai la massoneria italiana è costretta alla clandestinità, i supremi consigli scozzesi riuniti a Parigi ribadiscono: le logge sono organizzate sotto la responsabilità delle gran logge o dei Grandi Orienti, mentre il rito accoglierà nei suoi gradi soltanto i maestri delle logge azzurre. Insomma, non avrà alcun controllo sulla massoneria simbolica, che d'altra parte s'impegna a considerare territorio esclusivo di reclutamento dei propri cavalieri.

La scrupolosa osservanza di queste norme, al momento della rifondazione del 1949, è fra gli elementi che restituiscono a palazzo Giustiniani il ruolo di massoneria largamente maggioritaria. Ma ci sono altre carte nel gioco vincente. Da una parte il fenomeno già accennato, la patente democratica conferita alla massoneria giustinianea dal triste destino carcerario di Domizio Torrigiani, e dal fatto che molti fratelli hanno impugnato le armi nella lotta antifascista: sia pure a titolo individuale. A questa immagine si deve non soltanto una quantità di richieste di affiliazione, ma anche la fusione con il gruppo Labriola.

Altra carta decisiva, la crescente influenza americana. Dai massonicissimi Stati Uniti si guarda all'Italia con curiosità e preoccupazione. Si sa che la forza della massoneria è potenzialmente grande nella Penisola, ma si sa anche che i liberi muratori italiani sono tradizionalmente divisi da rissose rivalità.

È stato più volte sottolineato il ruolo che nelle vicende dell'Italia postbellica ebbero da un lato la potente lobby italoamericana, dall'altro i servizi più o meno segreti di Washington, in questo ambito rappresentati da Frank Gigliotti, che durante la guerra aveva servito nella sezione italiana dell'OSS. In materia di rifondazioni e riunificazioni massoniche, la parte di questo Gigliotti è stata probabilmente sopravvalutata. Ma certo è un fatto che i mutati rapporti di forza nel mondo, dovuti allo sconquasso della guerra, hanno trasferito da Londra a Washington l'oriente planetario della massoneria.

Del resto è proprio a Washington il supremo consiglio madre del rito scozzese. Per di più c'è da ricordare che, così come nella prima metà del Settecento alcuni cittadini inglesi avevano fondato a Firenze la prima loggia italiana, ora, negli ultimi anni di guerra, è stata una loggia militare americana, ancora una volta in Toscana, a riportare per prima sul suolo italiano, dopo la lunga eclisse fascista, il rito antico di Hiram.

Insomma, influenza americana innegabile, anche se forse sopravvalutata. È una strategia che si profila ben leggibile: appoggio a palazzo Giustiniani, al Grande Oriente che evidentemente è destinato a dominare il panorama massonico nella Penisola, ma cercando di condizionarlo in senso filoamericano, o almeno atlantico. In sostanza, si tratta di applicare al Grande Oriente un correttivo moderato, di farvi entrare un po' di gente fidata, a compensazione politica dei « rossi » che vi ha portato dentro Labriola, o di tutti coloro che vi hanno introdotto, conquistati dall'aureola antifascista con cui palazzo Giustiniani è uscito dal ventennio di apnea, idee avanzate fino al limite della « sovversione ».

Qui si spiega come mai il Grande Oriente, dopo avere assorbito Arturo Labriola, assorbe il principe nero Alliata di Montereale, di tutt'altra valenza politica. Si noti che quest'ultima operazione porta al fianco dei giustinianei l'intera potentissima massoneria americana. Infatti prima di allora soltanto la circoscrizione nord degli Stati Uniti aveva riconosciuto il Grande Oriente, mentre la circoscrizione sud aveva scambiato garanti di amicizia con piazza del Gesù. Ma Alliata era riuscito, nella sua qualità di sovrano gran commendatore del rito, a portare con sé, lasciando piazza del Gesù, il prezioso riconoscimento americano, che confluiva ora, dopo la fusione, verso il Grande Oriente. Sempre con l'appoggio americano il Grande Oriente riesce a recuperare la sua sede storica, palazzo Giustiniani, che in seguito alle vicende del '25 era passato alla proprietà demaniale.

La crescita della confraternita è impetuosa: si raggiungono le seicento logge, si superano i quindicimila fratelli. Una presenza radicata in molti terreni sociali, ma soprattutto nella burocrazia, nelle libere professioni. E poi nelle forze armate, nella magistratura, nella scuola e nell'università. Né la massoneria è assente dal parlamento. Così come non è stata assente dalla consulta nazionale, né dall'assemblea costituente: dove, come vedremo, deputati massoni cercano invano di contrastare l'articolo costituzionale che proibisce le associazioni segrete, o quello che accoglie nella legislazione repubblicana i patti lateranensi del '29.

Quando Gamberini arriva alla guida del Grande Oriente, preceduto dai gran maestri Guido Laj, Ugo Lenzi, Publio Cortini, Umberto Cipollone e Giorgio Tron, è il 15 luglio del 1961, l'inizio di un decennio importante per la massoneria italiana. Gamberini ha obiettivi ambiziosi. Vuol favorire le riunioni e gli scambi fra logge, incoraggiando la pratica del diritto di visita. È vero che questo diritto conoscerà, proprio durante i nove anni della sua carica, e ancor più negli anni successivi, quella eccezione inaccettabilmente vistosa che ha nome P2: ma come vedremo entreranno in ballo, in quella circostanza, altre e diverse considerazioni. Per ora, luglio '61, riceve dal predecessore un elenco di un centinaio di nomi: i cosiddetti massoni all'orecchio del gran maestro, i fratelli « coperti ». Tra nove anni trasmetterà l'elenco, « di poco aumentato », al successore.

Il nuovo gran maestro riprende anche il vecchio sogno della riunificazione con piazza del Gesù, dove regna Tito Ceccherini. Ma soprattutto Gamberini affronta un obiettivo rivoluzionario: far pace con la chiesa. Lo fa quando viene a sapere che il Vaticano intende risolvere il secolare problema. Lui, massone, è uomo profondamente religioso: viene definito uno spiritualista. Fa parte del comitato direzionale della Bibbia concordata, e traduce personalmente il Vangelo di Giovanni, quello che nelle riunioni di loggia dev'essere aperto al primo versetto del primo libro: « In principio era la parola... » Accetta, lo vedremo, di misurarsi pubblicamente con la controparte ecclesiastica. Vorrebbe portare la massoneria alla luce del sole, proposito d'altra parte contraddetto dal rilancio della loggia coperta Propaganda, dove un certo Licio Gelli prepara nell'ombra il suo straordinario intrigo.

Tocca al successore di Gamberini, del resto, raccogliere i due frutti più significativi di questa semina. È un medico toscano, specialista in gerontologia, Lino Salvini, che nel marzo del '70 succede al gran magistero di Gamberini durato nove anni. Lo aspetta al vertice della massoneria di palazzo Giustiniani il periodo più tormentato nella storia dell'istituzione. Eppure i primi anni sono così promettenti.

Il 1972, per esempio: l'anno che ha visto finalmente arrivare da Londra il riconoscimento della gran loggia unita d'Inghilterra, con tanto di firma del gran maestro, Edoardo duca di Kent, e scambio dei garanti d'amicizia. Un riconoscimento che la massoneria italiana attendeva da centodieci anni, da quel 1862 in cui partì verso Londra la prima richiesta, sottoscritta dal gran maestro provvisorio Costantino Nigra. Al riconoscimento inglese si tendono a dare due interpretazioni, radicalmente diverse. Da una parte si dice: questa è la consacrazione della svolta moderata di palazzo Giustiniani. La massoneria inglese, conservatrice se non reazionaria, ha dato il suo avallo a un Grande Oriente che ormai non ha più nulla dei fremiti progressisti dell'immediato dopoguerra, al Grande Oriente che non a caso ha accolto a braccia aperte la massoneria nera del principe di Montereale.

L'altra interpretazione punta invece alla lettera degli statuti inglesi. Il riconoscimento da parte della gran loggia unita non è una questione di simpatia politica: anzi, si basa su una serie di requisiti, l'uno dei quali prescrive il divieto delle discussioni di politica in loggia, oltre che di religione. Londra non ha riconosciuto finora la massoneria italiana proprio perché questa ha sempre fatto politica, non perché abbia fatto una politica di segno sgradito. E se ora arriva il riconoscimento, è il risultato di uno sforzo di persuasione: una massoneria che non fa politica, che ha attenuato gli antichi furori anticlericali fino alla soglia della conciliazione, che mostra di voler ridurre le vecchie fratture disponendosi alla riunione con i fratelli separati di piazza del Gesù.

Comunque si vogliano vedere le cose, è un fatto che la gran loggia unita d'Inghilterra fonda il suo sistema di rapporti internazionali sopra otto principi fondamentali, riaffermati nel '29 ma basati a loro volta sulla tradizione massonica più consolidata. Eccoli: regolarità di origine, fede nel Grande Architetto dell'universo, giuramento degli iniziati sulla Bibbia, solo uomini in loggia, esclusiva giurisdizione sulle logge del Grande Oriente (senza divisioni di competenze sul supremo consiglio scozzesista, o altre organizzazioni rituali), Bibbia squadra e compasso bene in vista quando le logge sono al lavoro, nessuna discussione di religione né politica in loggia, osservanza dei *landmarks*.

Tutti principi che, a quanto pare, gli emissari del duca di Kent hanno trovato osservati nelle logge italiane dipendenti dal Grande Oriente. Di qui il riconoscimento, lo scambio dei garanti di amicizia, la grande festa dei liberi muratori italiani finalmente usciti dall'antica condizione d'isolamento. Qualche anno più tardi, nell'80, a Ravenna, Giordano Gamberini ha fatto ristampare, in edizione bilingue, inglese e italiana, un libro di Isidoro Bianchi, *Dell'Instituto dei veri liberi muratori*, che una tipografia cremonese aveva clandestinamente pubblicato nel 1786. « È la patente di nobiltà della massoneria italiana », spiega Gamberini: « padre Bianchi possiamo considerarlo l'Anderson italiano ». E nell'introduzione: « Il massone anglosassone colto che avrà letto questo libro non sarà più tentato di fare di ogni erba un fascio e forse saprà d'ora innanzi reprimere, nei nostri confronti, il suo remoto complesso di superiorità ».

L'altro grande successo della gestione Salvini, anche questo maturato nella gestione precedente, è la riunificazione con piazza del Gesù. Non è la prima volta che si celebra con questo nome un avvenimento, destinato poi a ridimensionarsi come semplice assorbimento parziale. La fusione segue di un anno il riconoscimento inglese, di cui è la prima attesa conseguenza.

L'avvenimento viene annunciato il 24 giugno del '73: Francesco Bellantonio, gran maestro di piazza del Gesù, sarà gran maestro onorario nella comunione riunificata. Il 12 luglio, a Messina, la solenne cerimonia della consegna del maglietto, il simbolo del potere magistrale, da Bellantonio a Salvini. I fratelli delle due obbedienze rivali passano la cazzuola, come dice la gente di loggia per significare il perdono, il volontario oblio di un'offesa. La fusione è facilitata dal fatto che i « gesuiti » praticano, agli alti gradi, quello stesso rito scozzese che è maggioritario a palazzo Giustiniani. Ancora una volta ha poi avuto il suo peso la potente massoneria americana, con l'influsso più o meno esplicito del supremo consiglio di Washington.

E finalmente il 18 settembre, due giorni prima della tradizionale festa massonica che commemora la presa di Roma, ormai diventata un retaggio un po' imbarazzante con il tramonto dell'enfasi anticlericale, la celebrazione dell'evento a palazzo Giustiniani. Gran discorso del gran maestro trionfante: « La massoneria non propugna scelte ideologiche di alcun tipo, è un sistema, un modo di essere che determina la ricerca individuale della verità accogliendo uomini di pensiero diverso che possono convivere in uno stato di uguaglianza e libertà per il loro spirito di vera umiltà e tolleranza ».

Ventimila fratelli, ormai, riuniti in Italia sotto le verdi bandiere della massoneria finalmente unita. « È stato un momento magnifico », ricorda con rabbia il Fratello, « un momento indimenticabile. La nostra era diventata forse per la prima volta nella storia una comunità di veri massoni, attenti alle regole antiche, orgogliosi di sé, abbastanza equilibrati per conciliare una tradizione che ci è cara con un progresso che ci appare necessario. Ma non poteva durare: perché quel corpo apparentemente sano era minato da un male oscuro. Chi di noi allora, 1973, sapeva qualcosa della P2? E chi ne sapeva qualcosa, che cosa ne sapeva? Certo non abbastanza per avvertire il pericolo grave che ci minacciava tutti... »

La riunificazione delle due storiche obbedienze massoniche non è priva di ripensamenti e rimescolamenti. Nel '75, ancora con Salvini gran maestro, una serie di avvenimenti connessi con l'affare Gelli porta all'uscita da palazzo Giustiniani di una parte degli ex « gesuiti », Bellantonio compreso. Ormai, del resto, la serenissima gran loggia di Giovanni Ghinazzi si è appropriata il nome di piazza del Gesù. E l'antica frattura si approfondisce con un elemento in più: la partecipazione femminile che Ghinazzi ammette, che il Grande Oriente continua a respingere sdegnosamente in nome dell'augusta tradizione muratoria. Due massonerie, dunque, come sempre in Italia: da una parte il Grande Oriente, cui fanno capo secondo una valutazione recente sui quindicimila fratelli, dall'altra la gran loggia con i suoi cinque-seimila iniziati.

E poi le obbedienze minori. Non è mai stato facile classificare l'universo massonico italiano. Anche perché tutte le sponde minoritarie, ansiose di presentare titoli di legittimità, tendono a fregiarsi della più illustre fra le etichette alternative a palazzo Giustiniani, l'etichetta di piazza del Gesù. « È come una serie di sette protestanti », spiega il Fratello: « magari diversissime fra loro, ma unite dal fatto di essere contro l'ortodossia cattolica. Ecco, noi del Grande Oriente siamo l'ortodossia massonica: implicitamente riconosciuta come tale proprio dagli eretici, gli eretici di tutte le sponde, che fanno capo a piazza del Gesù, o almeno ci provano ».

Riassumendo, sono tre le sponde principali che si ispirano esplicitamente a piazza del Gesù: il gruppo Ghinazzi, che è il più numeroso, il gruppo Bellantonio, il gruppo Alliata. Come si è visto, ognuno di questi gruppi è stato protagonista di scissioni dall'obbedienza gesuita alla quale ora si richiama. Alliata e Bellantonio, poi, sono transitati per palazzo Giustiniani, vivendo effimere stagioni di unità nel Grande Oriente.

Ormai la storia della massoneria italiana è cronaca. L'esplosione della vicenda P2 sconvolge gli equilibri faticosamente raggiunti, rimette in discussione il ruolo dell'istituzione, il suo significato, la sua immagine agli occhi dell'opinione profana. Molti fratelli si mettono in sonno, altri migrano verso piazza del Gesù. Ma la maggior parte tiene duro, guarda ai tempi lunghi, ripete che gli uomini passano e l'istituzione resta.

« Io mettermi in sonno? Non ci penso nemmeno. Io dovrei mettermi in sonno perché un signore di nome Licio Gelli ha deciso di servirsi di me, di noi tutti, per i suoi affari personali, e perché certi nostri dignitari sono stati così deboli da dargli retta, da consentirgli il grande dirottamento? » Così dice il Fratello, interprete accorato di un disagio diffuso e impotente.

Il 1984 poi, oltre all'approdo parlamentare della vicenda P2, porta un'altra amarezza ai massoni italiani. Il recupero della sede storica di palazzo Giustiniani, vincolato ai limiti della locazione, è per forza di cose temporaneo. Così il contratto viene a scadenza. Lo stato, proprietario dell'immobile, sfratterà l'inquilino, il Grande Oriente d'Italia? Non del tutto, ma quasi: ai massoni resta il solo primo piano, destinato alla rappresentanza. I piani superiori, dov'è fra l'altro una decina di templi, in cui lavorano alcune logge romane, devono essere lasciati. Il Grande Oriente deve fare trasloco, sia pure parziale. I nuovi uffici, i nuovi templi avranno sede a villa Medici del Vascello, oggetto a suo tempo di una donazione alla confraternita di palazzo Giustiniani.

« Proprio nell'anno in cui il parlamento ficca il naso nelle nostre faccende, e viene ad accusarci di complicità con l'intrigo di Gelli », dice il Fratello scuotendo il capo.

Vedremo in dettaglio se davvero è così netta, la divaricazione fra il ramo storto della P2 e il vecchio tronco massone. Ma prima bisogna guardare il tronco un po' più da vicino. Che cos'è questa strana chiesa laica, perché gli italiani la frequentano a migliaia, che tipo di rapporto intrattiene con la nostra società. E poi la P2 naturalmente, la P2 che sulla massoneria ha acceso un riflettore brutale.

5. *La setta diabolica*

« I FEDELI che appartengono alle associazioni massoniche sono in istato di peccato grave e non possono accedere alla Santa Comunione. » Ciò che più sorprende in questa dichiarazione vaticana è la data: 26 novembre 1983. Proprio così, 1983, non già uno o due secoli prima. Nel febbraio dell'84, *Civiltà Cattolica* l'ha pubblicata senza commento. Una simile mancanza di entusiasmo sulla rivista gesuita certamente colpisce: si tratta infatti di un documento della Congregazione per la dottrina della fede, quell'organismo vaticano che in età preconciliare si chiamava Sant'Uffizio e sotto questo nome vigilava, con l'impulso determinante dei gesuiti, in difesa della religione dagli assalti diabolici dell'eresia e del libero pensiero.

Nella rivista degli alti gradi massonici, *Tempio Scozzese* (vol. I, Roma 1984), così si commenta la sortita vaticana dell'83: « Non siamo più estromessi dalla Chiesa ma solo in istato di peccato grave; press'a poco come se avessimo una amante ». E ancora si ricorda il caratteristico caposaldo massonico: « Noi non abbiamo nessuna teologia, né tassativa come quella cattolica, né prevalente come nelle confessioni evangeliche; beninteso ogni massone può avere la sua teologia, ma non gli è permesso di esibirla in loggia ».

Non è raro imbattersi nella definizione della massoneria come chiesa, come una chiesa molto particolare s'intende, e della filosofia massonica come religione. Potrà servire a valutare questa identificazione uno sguardo ai rapporti, quasi sempre tempestosi, che le due chiese, la massonica e la cattolica, hanno intrattenuto negli ultimi due secoli e mezzo, da quando cioè il movimento dei liberi muratori si è imposto nel mondo come qualcosa di più e di diverso dall'antica corporazione operativa. Massoneria universale, chiesa cattolica: già è evidente che fra i due concetti impliciti negli aggettivi il corto circuito è inevitabile. Si tratta infatti di due parallele concezioni, evidentemente concorrenti, dell'universalità.

La scomunica papale, dunque, non tarda ad abbattersi sulla neonata massoneria moderna. È un pontefice fiorentino, Lorenzo Corsini, che il 28 aprile del 1738 sottoscrive col suo nome vaticano, Clemente XII, la bolla di condanna. Corsini è vecchio e malandato. Quasi cieco, tormentato dalla gotta: ma conserva intatta l'efficienza intellettuale, anche se in pratica governa attraverso il nipote Neri. Infatti continua a imporsi come un formidabile maestro di scacchi. E quando si trova di fronte, dall'altra parte della scacchiera, un avversario come questa inquietante massoneria speculativa, non gli lascia scampo. L'attacco del vecchio Clemente è spietato.

La bolla riguarda esplicitamente « la società o le associazioni segrete dette dei Liberi Muratori, sotto pena di scomunica immediata per questo solo fatto, l'assoluzione dalla quale, esclusa quella in punto di morte, è riservata alle supreme autorità della Chiesa ». Il linguaggio papale è duro, con accenti caratteristici della lotta contro le grandi eresie: « Un cinghiale è entrato nella vigna del Signore... » Le stesse parole con cui Roma aveva registrato sbigottita, due secoli prima, l'irruzione sulla scena d'Europa di un monaco sassone chiamato Lutero.

Clemente XII inaugura un argomento che contrassegnerà regolarmente ogni persecuzione, o anche ogni polemica antimassonica: « In verità, se essi non facessero nulla di male, non odierebbero tanto la luce ». Metafora suggestiva, ma impropria: perché se è vero che il segreto osservato dai massoni può oggettivamente dar luogo a sospetti, è anche vero che esso, trattandosi di gente che pratica una specie di culto solare, in qualsiasi modo potrà essere espresso ma non in termini di odio della luce.

Clemente motiva la sua decisione, oltre che con il segreto praticato dai massoni e con il giuramento pronunciato sulla Bibbia, col desiderio di « sbarrare la via così larga che potrebbe condurre alla perpetrazione impunita dell'ingiustizia ». E anche, aggiunge, *causis nobis notis*, in base a motivi che ci sono noti. Su quali siano questi misteriosi motivi noti al vecchio papa Corsini, ci sono varie ipotesi. O si tratta di denunce ricevute dalle autorità pontificie, denunce di complotti o programmi in qualche modo sovversivi: denunce che non è stato possibile verificare e che quindi conviene tenere avvolte in una nube d'indeterminatezza.

Oppure il papa vuole semplicemente riassumere in quella formula il timore, perfettamente comprensibile da parte del capo di uno stato teocratico, per il pullulare impetuoso di associazioni in cui cattolici e protestanti si chiamano fra loro fratelli, in cui si abitua la gente al dibattito, in cui si eleggono i notabili secondo l'aborrito sistema democratico del voto, in cui i notabili stessi, altro pessimo precedente, riconsegnano il potere al termine del mandato. Insomma, è il germe della democrazia che spaventa il papa, e si può ben capirlo.

E poi, su un piano più contingente, la fine di un'illusione: che le logge possano essere lo strumento di una restaurazione cattolica in Inghilterra; il timore, al contrario, che esse possano alla fine favorire gli eretici del protestantesimo e addirittura, orrore!, una loro diffusione in Italia. Ce n'è abbastanza, è chiaro, per agghiacciare il vecchio prete fiorentino, maestro di scacchi ma non di tolleranza.

Perfino un pontefice relativamente al passo con i tempi, come Benedetto XIV, il brillante cardinale Lambertini che succede a Corsini, non esita a ribadire la condanna della massoneria. Smentendo così, clamorosamente, la voce che si è diffusa, secondo la quale il papa avrebbe frequentato a suo tempo le logge, e ora si accingerebbe a revocare la scomunica di Clemente XII. Essa invece viene solennemente confermata. E la stessa cosa faranno i successori, da Pio VII a Leone XII, da Pio VIII a Gregorio XVI.

Quest'ultimo, il retrivo papa della restaurazione, l'uomo che condanna la locomotiva come opera del demonio, unisce la ribadita sentenza di scomunica per la massoneria alla condanna della libertà di coscienza, della libertà di stampa, della libertà di pensiero. La sua enciclica contro le libertà, *Mirari vos*, « non è di quei documenti che oggi si leggono molto volentieri », commenta Rosario Esposito, che oltre a essere un apprezzato studioso di cose massoniche è anche un religioso dell'ordine dei paolini.

Nell'Italia risorgimentale, poi, il ritmo delle condanne papali si fa frenetico, e contribuisce a determinare il carattere così tipico della massoneria italiana: antitemporale, anticlericale, ghibellina. Pio IX, non a caso gratificato di un poco cavalleresco appellativo – « un metro cubo di letame » – dal più illustre dei massoni italiani, Giuseppe Garibaldi, pubblica 145 documenti contro quella che la pubblicistica cattolica arriva a definire « l'ultimo frutto dell'antico serpente ». Se la massoneria proclama se stessa ancorata negli albori dell'umanità, e nella tradizione biblica, gli avversari clericali stanno al gioco: certamente, l'istituzione libero-muratoria ha le sue radici nella Bibbia, ma nelle figure di Caino, di Giuda...

Fra questo scambio di gentilezze, il fronte che divide in Italia cattolici da una parte e liberi pensatori massoni dall'altra finisce col coincidere con il fronte che divide la Chiesa espropriata dallo Stato espropriatore, il Vaticano dal giovane regno uscito dal risorgimento. Così nasce e si rafforza una seconda identificazione, davvero impropria come si è visto: fra risorgimento e massoneria.

Eppure, come correttamente argomenta Esposito, « se le massonerie latine hanno fatto dell'anticlericalismo il loro cavallo di battaglia e hanno combattuto la Chiesa, bisogna riconoscere che questi errori appartengono alla prassi e alla storia, non al contenuto programmatico della massoneria ». Insomma, la tolleranza e la fraternità, che sono in loggia i due concetti fondamentali, non corrispondono forse a due ideali cristiani? Negli antichi doveri, non si precisa forse che il massone non sarà « né uno stupido ateo, né un libertino irreligioso »?

Un gesuita che ha studiato a lungo la massoneria, modificando via via una originaria ostilità, Giovanni Caprile, individua nei rituali dei gradi scozzesi elementi di forte tensione cristiana. Per esempio il diciottesimo grado, che si riallaccia al movimento tipicamente cristiano dei rosacroce, prescrive un rito della cena che contrariamente a quanto si è creduto a lungo, dice Caprile, non è affatto blasfemo. Anche al trentaduesimo grado ci sono elementi di enfasi cristiana: accanto al principe del real segreto non deve forse figurare un busto di Cristo? E poi, i massoni non venerano i *sancti quattuor coronati*, i quattro scalpellini cristiani che subirono il martirio all'epoca di Diocleziano?

Con due secoli e più di anticipo, dicono gli studiosi cattolici più disponibili, le costituzioni massoniche hanno addirittura prefigurato certi accenti caratteristici del Concilio Vaticano II. Inoltre, argomenta Giordano Gamberini, è proprio nel tempio massonico che gli italiani hanno fatto la conoscenza della Bibbia. Si sa che la lettura della Bibbia, scoraggiata dal cattolicesimo tradizionale, soltanto in epoca recente è tornata in uso. Lui, Gamberini, ha partecipato come si è detto alla traduzione della Bibbia concordata, che del rilancio biblico ed ecumenico del Concilio è stata una delle conseguenze. Un'edizione che comprende anche i libri deuterocanonici, che i protestanti considerano apocrifi.

I fratelli diabolici, dunque, come vengono chiamati, e in senso niente affatto metaforico, all'epoca più virulenta dello scontro con i cattolici, potranno di tutto essere accusati, fuori che di ostilità nei confronti del fondamento biblico della religione del papa. È vero d'altra parte, come non manca di obiettare chi attacca la massoneria in nome del cristianesimo, che nei *landmarks* si parla di « libro della legge sacra », che non è necessariamente la Bibbia, ma è il libro della tradizione religiosa dominante in un determinato angolo di mondo. Contro-obiezione del Fratello: « Certamente, non possiamo mica imporre il Vangelo ai musulmani. Non ci si verrà a dire, mi auguro, che il nostro anticlericalismo consiste nel fatto che non vogliamo fare i missionari per conto del papa... »

Oggi il « libro della legge sacra » è essenziale in tutte le logge del mondo, così come l'intestazione degli atti e della stessa loggia al Grande Architetto dell'universo. Sole eccezioni, le logge aderenti al Grande Oriente di Francia e alcune gran logge collegate: dalle quali è scomparso l'obbligo statutario al riferimento biblico e divino. Ciò che contribuisce a spiegare la freddezza dei rapporti fra la massoneria maggioritaria francese e le massonerie che gravitano, nel tradizionale segno deista, attorno alla gran loggia unita d'Inghilterra e al supremo consiglio di Washington.

Apparentemente inspiegabile, dunque, la scomunica così a lungo ribadita dal Vaticano contro i massoni. E che molti massoni hanno semplicemente ignorato, essendo ben lontani dall'attribuire importanza a un atto della « burocrazia ecclesiastica », come la chiama il Fratello. Che altri massoni, più sensibili al tema, hanno invece interpretato in maniera restrittiva. In pieno Settecento Isidoro Bianchi, il primo forse di una lunga serie di religiosi italiani che si sono applicati senza paralizzanti pregiudiziali a studiare il fenomeno massonico, nel lodare da buon fedele le bolle di condanna di Clemente XII e Benedetto XIV, avvertiva d'altra parte che « non essendo più la Società dei veri Liberi Muratori né contraria al buon ordine della Repubblica o opposta alla religione, è manifesto che i gravi anatemi nelle due bolle espressi non sono contro di loro fulminati ». È questa una interpretazione che anticipa di due secoli quella ufficiale delle autorità vaticane.

È stato verso la fine dell'Ottocento che la polemica fra massoneria e Chiesa di Roma ha assunto toni furenti. Erano gli anni in cui la parola massone rappresentava, a orecchie cattoliche, un'ingiuria infamante. Gli anni in cui, come si è visto, un corteo funebre con il corpo di Pio IX veniva assalito nella notte da alcuni massoni: e la massoneria in blocco accusata immediatamente dal Vaticano. Gli anni dell'inno *A Satana* di Carducci, erede del rabbioso anticlericalismo garibaldino. Gli anni in cui Leone XIII, continuatore di una tradizione che ha ormai un secolo e mezzo, sforna la rituale bolla di condanna. Gli anni, e mi riferisco precisamente al 1889, in cui la nuova Roma laicista inaugura al Campo dei Fiori, nel luogo stesso in cui l'eretico era stato arso vivo per ordine dell'Inquisizione, il monumento a Giordano Bruno.

Già alla vigilia dell'occupazione di Roma, del resto, l'anticlericalismo italiano, non soltanto massonico, aveva avuto la sua consacrazione nell'anticoncilio di Napoli. Quell'anno 1869, l'8 dicembre, Pio IX apre a Roma il Concilio Vaticano. Si tratta di rispondervi con una manifestazione parallela di liberi pensatori. Il gran maestro della massoneria italiana, Ludovico Frapolli, non si mostra entusiasta dell'iniziativa: « Falliremmo completamente la nostra missione », dice, « se ci preoccupassimo di ciò che un caposetta qualunque dispone con i suoi fedeli ».

L'anticoncilio si apre comunque, in un teatro napoletano, il 9 dicembre. Settecento delegati, discorso d'apertura di Giuseppe Napoleone Ricciardi, mazziniano, promotore dell'iniziativa. Ma basta che un delegato francese inneggi all'Italia e alla Francia repubblicana perché un funzionario di polizia cinga la fatidica sciarpa e dichiari sciolta la riunione. Che in realtà era del tutto privata, a inviti, e quindi non soggetta a vincoli come quello invocato dalla polizia: predicazione sovversiva...

L'irruzione della polizia nella sala dell'anticoncilio non fu che un segnale al mondo, in un momento delicato. La notoria aspirazione dello Stato italiano a stabilire la sua capitale a Roma, questo il contenuto implicito del messaggio, non dev'essere confusa, come tendono a fare i cattolici, con una ostilità pregiudiziale alla Chiesa e alla religione. Non appena possibile strapperemo Roma al papa, fa sapere il governo di Firenze: ma non ce l'abbiamo con lui. Vedete come trattiamo questi esagitati che pretendono di fare la caricatura del diletto Concilio di Pio IX?

Naturalmente, sarà la massoneria in quanto tale a essere considerata responsabile della manifestazione di Napoli, nonostante la presa di distanza del gran maestro e il fatto che il promotore, Ricciardi, con i figli della vedova non ha niente a che vedere. L'etichetta massonica si è sempre egregiamente prestata, dal punto di vista vaticano, a coprire qualsiasi nefandezza. Un anno più tardi, non sarà forse una congiura massonica, quella che porta il regno d'Italia a consumare l'ultima offesa, a penetrare con le armi nel cuore sacro della cristianità, a sottrarre Roma al suo mistico sovrano? E la prova, non sta forse nel fatto che, d'ora in avanti, i massoni celebreranno il 20 settembre, anniversario della sacrilega breccia?

La conquista di Roma è stata anche, implicitamente, la liberazione degli ebrei romani, per i quali cadono le ultime barriere. Normale che fra i diritti recuperati nel '70 gli ebrei usciti dal ghetto abbiano caro, e pratichino, il diritto di associazione. La componente ebraica della massoneria sarà un elemento in più, fra i tanti, del complesso sistema d'incomunicabilità fra le due chiese.

Proprio in questo scorcio di secolo, il mondo cattolico accecato dal furore contro la setta satanica incorre in un clamoroso infortunio. L'infortunio che è ormai consegnato alla storia sotto il nome di Léo Taxil. È costui un giornalista francese, il suo vero nome è Gabriel-Antoine Jogand-Pagès, che è stato massone e amico di Garibaldi, ha fondato e diretto una rivista, *Anticlérical*, ha perfino pubblicato un libro sugli *Amori segreti di Pio IX*.

Ma qualche anno più tardi, morto ormai l'amico e fratello Garibaldi, Taxil cambia completamente registro. La spettacolosa conversione dell'anticlericale arrabbiato è del 1885. È questa la data di pubblicazione di un volume, che s'intitola *Les Frères Trois-Points*, I fratelli tre puntini, evidentemente dedicato ai massoni. Un libro nel quale i polemisti cattolici leggono esattamente quello che desideravano leggere: ecco la conferma che la setta massonica pratica culti diabolici, ecco le nefandezze dei liberi muratori finalmente alla luce del sole.

Taxil, che non a caso si è fatto le ossa scrivendo racconti

pornografici, dà prova di una morbosa immaginazione. Racconta che nelle logge si praticano accoppiamenti più o meno naturali, che i fratelli tre puntini passano il loro tempo a profanare le ostie consacrate, e quant'altro di sacro gli capiti sotto tiro, che sotto il lago di Ginevra c'è un grande tempio sotterraneo dedicato a Satana dove i massoni ne combinano di tutti i colori. Riporta le testimonianze di Diana Vaughan, la figlia di Satana che ha visto coi suoi occhi quel che accade nella caverna ginevrina. Taxil usa un metodo terroristico: chiunque dubita della sua parola, viene accusato senz'altro di appartenere alla massoneria e di volerla difendere.

Ma non c'è poi tanto bisogno di convincere e minacciare: il mondo cattolico al suo Taxil gli crede. Leone XIII, non ha forse ricevuto in Vaticano l'uomo che ha smascherato la setta infame? E alla richiesta del papa, quale fosse il suo più grande desiderio, il figliol prodigo non ha forse risposto « morire qui, ai vostri piedi, santità »? E poi non ha forse impiegato i suoi talenti di storico per confutare una ridicola accusa, l'accusa di segreta affiliazione alla massoneria che qualcuno ha lanciato proprio verso il defunto Pio IX?

Nel 1896, Léo Taxil è ospite d'onore al convegno antimassonico di Trento. Dalla città della Controriforma, così si spera dalle parti del Vaticano, partirà la grande offensiva contro la setta ormai alle strette per le provvidenziali rivelazioni di Taxil. Ma Taxil è uno che ama i colpi di scena. Nel 1897, dopo essere vissuto per dodici anni di rendita sulle rivelazioni antimassoniche, il disinvolto pubblicista francese si rimangia tutto. È la sera del 19 aprile, la notizia sconvolge la cristianità che ormai credeva alla possibilità di riscossa contro i massoni.

Tutto inventato, racconta ora Taxil: il diavolo, Diana Vaughan, i riti osceni e satanici e tutto il resto. La montatura, certo, non poteva durare: il fantasioso Taxil aveva tirato troppo la corda. Ma è un fatto che, come concordano tutti coloro che si son dati la pena di studiare le vicende massoniche, della straordinaria calunnia qualcosa è rimasto. Agli occhi dei fedeli, e di certi zelanti curati, una cert'aura diabolica la massoneria non se l'è mai scrollata di dosso. Ancora in anni recenti, in Italia, è uscita una pubblicazione, *Sì sì no no*, in cui il violento antimassonismo di estrazione religiosa ha evidenti radici nella incredibile contraffazione di Taxil.

La scomunica del 1732, del resto, è rimasta in vigore molto a lungo. Il canone 2335 del codice di diritto canonico ha conservato la sua validità fino a ieri. Anche se dal Concilio Vaticano II in avanti il destino della storica norma appariva evidentemente segnato. Soltanto nel 1974 il cardinale Seper, prefetto della Congregazione per la dottrina della fede, ne ha dato un'interpretazione restrittiva. « Si può sicuramente insegnare ed applicare l'opinione », dice il cardinale nella sua dichiarazione, « di quegli autori i quali ritengono che il canone 2335 tocchi soltanto quei cattolici iscritti ad associazioni che veramente cospirano contro la Chiesa. »

Niente più scomunica automatica, dunque, e l'antico parere di Isidoro Bianchi e dei cattolici più tolleranti finalmente accolto. Sembra così terminare una guerra antica che in Italia aveva avuto un culmine significativo nel 1929, quando le due istituzioni che hanno combattuto entrambe la massoneria, la Chiesa e il fascismo, strinsero il patto solenne della conciliazione. E nell'immediato dopoguerra, nella sede dell'assemblea costituente in cui si deve dettare la norma di fondo del nuovo stato repubblicano, i deputati massoni e i rappresentanti del mondo laico cercarono invano di opporsi allo scandaloso ingresso dei patti lateranensi nella costituzione. Non ci fu niente da fare, di fronte alla collusione del partito cattolico e del Partito Comunista.

Molto faticosamente si arriva così agli sviluppi recenti dell'era postconciliare. La dichiarazione del cardinale Seper, l'interpretazione restrittiva del canone di scomunica, e poi la sua decadenza, coronano un processo non facile. È stata una dura marcia di riavvicinamento fra una massoneria non proprio convinta, o non tutta convinta, e una chiesa in cui le resistenze antimassoniche sono state accanite. Nel 1969, per la prima volta, alte autorità delle due chiese accettano di dibattere pubblicamente l'antico problema. Da una parte Giordano Gamberini, gran maestro del Grande Oriente d'Italia. Dall'altra Rosario Esposito, religioso paolino, studioso di cose massoniche, portatore di una delega informale da parte vaticana.

È il 15 giugno, giorno anniversario della scomunica numero due, la condanna ribadita da Benedetto XIV nel 1751. La scena, un teatro di Savona. L'avvenimento è stato preparato da attenti sondaggi e da un ciclo di discussioni ad Ariccia.

Vi andrebbe, aveva chiesto Esposito al Grande Oriente, una mia definizione della massoneria come « associazione di persone che, in base alle norme del diritto naturale, soprattutto attraverso l'iniziazione e l'intesa supernazionale, tende a migliorare e ad affratellare l'umanità »? Perché no. Gamberini, a Savona, fissa le posizioni di partenza: « Noi non abbiamo niente da chiedere e niente da dare alla chiesa cattolica; noi non abbiamo mai scomunicato nessuno... »

Si delinea, all'incontro di Savona, il nuovo carattere dei rapporti fra le due chiese. Da una parte una massoneria non più anticlericale, anche se ancora laica se non laicista. Dall'altra parte una chiesa cattolica tollerante, che elimina l'antico anatema. Ma sia Esposito, sia Gamberini, non hanno vita facile in casa propria. Entrambi devono fare i conti con la stratificazione dei vecchi stereotipi. Esposito viene duramente attaccato, gli muovono la rituale accusa di essere massone: e lui risponde che, se potesse ottenere la licenza dai superiori del suo ordine, volentieri farebbe domanda d'iniziazione a una loggia.

Gamberini dice ai suoi: siamo vissuti di rendita sulla scomunica, dobbiamo imparare a farne a meno. « La revoca della scomunica e il modesto rilievo pratico di tale revoca ci rivelano quanto effimera fosse la giustificazione storica che alla Massoneria gradivano attribuire i nostri vecchi. »

Del resto, scomunica o no, di cose religiose in loggia si continua a non parlare. « Tutta questa vicenda », testimonia il Fratello, « è andata avanti negli ultimi anni in una generale indifferenza della base massonica. Non credano i preti che la scomunica abbia turbato più di tanto i nostri sonni. Semmai ci turba un'incongruenza: è mai possibile che mentre a un rabbino è consentito di frequentare la loggia, il prete cattolico ne sia impedito? »

La riconciliazione fra il Vaticano bianco di oltre Tevere e il vaticano verde di palazzo Giustiniani non è andata, come si è visto, al di là di una depenalizzazione parziale dell'antico reato cattolico di massoneria. Dicono gli osservatori di cose pontificie che l'apertura maturata durante i pontificati liberaleggianti di Giovanni XXIII e Paolo VI, non a caso quest'ultimo colpito dalla rituale accusa d'iniziazione segreta nel tempio di Hiram, non poteva essere confermata negli anni dominati dalla figura più tradizionalista di Giovanni Paolo II.

Al papa proteso alla ricerca del dialogo, al papa che ha tolto la scomunica, è succeduto il papa che, non potendo scomunicare di nuovo nonostante la probabile tentazione, ha dichiarato che essere cattolici e massoni significa vivere in peccato mortale.

Secondo certi osservatori non è stata estranea, al ripensamento pontificio, la preoccupazione che un atteggiamento troppo morbido nei confronti della massoneria finisse con l'apparire, fuori dalle mura vaticane, come frutto della volontà di coprire il vescovo americano Paul Marcinkus, il banchiere della Santa Sede in qualche modo, più o meno direttamente, coinvolto nel torbido affare P2.

Così capita ancora di sentire echeggiare, da parte cattolica, l'antico anatema. Per gli ultra-tradizionalisti alla Marcel Lefebvre nessun dubbio è possibile, a proposito della vecchia identificazione taxiliana massoneria-setta satanica. Perfino nella più banale polemica politica risuona, a volte, il motivo antimassonico. Così in Italia sentiamo un alto esponente della Democrazia Cristiana denunciare il « complotto massonico » contro il suo partito.

E sentiamo un esponente del gruppo cattolico Comunione e Liberazione accusare pubblicamente la massoneria di aver distolto il presidente della repubblica, Sandro Pertini, dall'intervenire al raduno riminese di quel movimento. È l'estate del 1983, e corre voce che la distorsione presidenziale, accampata per spiegare la rinuncia alla visita, sia piuttosto la manifestazione diplomatica di un ripensamento. Ma la pubblica menzione della massoneria, l'individuazione del secolare nemico, la rivelazione dell'ennesima perfidia satanica, scatenano un applauso scrosciante in quella fervida assemblea.

6. *Perché nel tempio*

Un giorno di marzo del 1912, le ultime battute di un processo per assassinio al tribunale londinese dell'Old Bailey. Il presidente della corte, Bucknill, severamente imparruccato all'uso britannico, chiede all'imputato ormai riconosciuto colpevole, Frederick Seddon, se abbia qualcosa da dire, che possa indurre la corte a non applicare nei suoi confronti la pena di morte. Certo che ho qualcosa da dire, risponde Seddon. Fissa il giudice, fa un gesto di riconoscimento massonico, declama con voce solenne: « Dichiaro davanti al Grande Architetto dell'universo che non sono colpevole ».

È un autore inglese, Stephen Knight, a raccontare in un volume recente sulla massoneria (*The Brotherhood*), l'episodio dell'Old Bailey e il « potente conflitto emotivo » che la dichiarazione dell'imputato scatenò nel giudice, massone anche lui, dunque impegnato sotto giuramento al dovere di solidarietà nei confronti di qualunque fratello avesse bisogno del suo aiuto. E ora uno dei fratelli eccolo qui, davanti a lui, e non può che mandarlo al capestro, perché nonostante le parole di Seddon dal processo è emersa l'evidenza della colpa.

È dunque con voce contratta dall'emozione, racconta Knight, che il presidente della corte pronuncia la sentenza: « L'imputato sia appeso per il collo fin che morte ne segua ». Poco prima ha dedicato qualche parola di commento alla dichiarazione dell'imputato. « Da quanto lei ha detto, apparteniamo alla stessa fratellanza, il che rende ancor più doloroso per me dire ciò che debbo dire. Ma la nostra fratellanza non soltanto non incoraggia il delitto: lo condanna... La prego, cerchi di far pace con il Grande Architetto dell'universo... »

Nonostante l'apparenza esemplare, quasi didascalica, l'episodio non prova nulla, sostiene Knight. Certo che è stato usato, sia dai detrattori, sia dagli apologeti della massoneria. Per i detrattori dimostra che esiste un torbido legame fra i massoni, suscettibile perfino d'incrinare i sacri doveri della giustizia. È vero, non ha funzionato nel caso Seddon-Bucknill: ma è stato perché l'imputato troppo tardi si è fatto riconoscere come fratello, quando ormai il giudice aveva le mani legate da un verdetto di colpevolezza già pronunciato.

Gli apologeti della massoneria puntano l'attenzione, ovviamente, sul fatto che la comune appartenenza alla fratellanza del giudice e dell'imputato non ha impedito all'uno di fare annodare una corda intorno al collo dell'altro. In realtà, le due conclusioni sono entrambe forzate: per il semplice motivo, argomenta a sua volta Knight, che l'imputato non intendeva, con la sua dichiarazione, salvarsi la pelle. Fosse stata questa la sua intenzione, non soltanto si sarebbe fatto riconoscere in una fase anteriore del processo, ma si sarebbe fatto riconoscere dal solo giudice, come i massoni sanno fare, evitando la plateale dichiarazione in aula.

Nello stesso libro, Knight racconta certi episodi relativi alla « negativa influenza della massoneria sulla polizia britannica ». Più volte, indagando su casi di corruzione, è emersa l'appartenenza massonica di agenti e ispettori. La massoneria inglese, potente e istituzionalizzata, si è sempre difesa parlando di una sua vasta diffusione fra le forze armate e le forze di polizia: il che implica l'evidente rischio statistico che anche la frazione corrotta abbia la sua rappresentanza percentuale di fratelli, legati dai loro misteriosi giuramenti di solidarietà.

E come riusciva, la polizia massicciamente affratellata nel segno di Hiram, a conservarsi tale? Semplice: bastava che negli esami di concorso per l'ammissione al corpo i candidati massoni inserissero nei loro testi qualche segno di riconoscimento. Per esempio la A maiuscola fatta così: , rappresentazione grafica del simbolo muratorio del compasso e della squadra intrecciati. Gli esaminatori iniziati avrebbero certo guardato con particolare benevolenza un testo così massonicamente cifrato: e se nella commissione esaminatrice ci fosse stato qualche profano, di quelle strane A non si sarebbe nemmeno accorto...

È questo, dunque, la solidarietà massonica? È anche questo? Se citi al Fratello l'episodio della polizia inglese, lui si mette a ridere: « Non penserai seriamente che da noi in Italia sia possibile una cosa simile? Voglio dire, in un paese dove la massoneria è talmente minoritaria che già immaginare un concorso dove ci sia contemporaneamente un fratello in commissione e uno fra i candidati è una bella impresa... Sta' tranquillo che da noi il massone sarà sempre fra gli esaminati, mai fra gli esaminatori... » Battuta elegante, ma sufficiente per escludere che in Italia si possa fare della solidarietà massonica un uso così disinvolto?

Il Fratello non esclude niente. « Io non dico che non sia possibile che qualcuno entri in massoneria per trarne dei vantaggi personali e concreti. A dir la verità non vedo nemmeno che cosa ci sia di tanto scandaloso, dal punto di vista profano voglio dire, perché è chiaro che dal punto di vista massonico la motivazione dev'essere tutt'altra. Se poi qualcuno truccasse un concorso, per esempio come quei poliziotti inglesi che violano il principio dell'anonimato tracciando segni di riconoscimento sul foglio del compito, allora saremmo di fronte a un illecito di per sé neanche tanto originale. Non mi si dirà che è roba massonica, comportarsi così... »

Insomma, parliamoci chiaro, quello che si vorrebbe capire è che cosa spinga tanta gente a bussare alla porta del tempio. Ricerca di protezione? L'appoggio di una loggia intesa come lobby? « Ma sì, può essere una delle motivazioni », ammette il Fratello. Certo non la principale. Almeno: non dovrebbe essere la principale. « Io, per esempio, sono entrato per esigenze di ordine spirituale. Proprio così: il desiderio di avere qualcosa in cui credere. Ma non soltanto questo: uno entra in un partito, e così proclama la sua adesione a un'idea, a un programma. Da noi si entra come si entra in un laboratorio: con la testa infarcita di domande. Si entra, e si comincia a cercare: è un punto di partenza verso un'avventura magnifica. O così dovrebbe essere. »

Com'è difficile analizzare separatamente ciò che è e ciò che dovrebbe essere. È sempre così la prassi? Non è sempre così. Per esempio altri gruppi massonici, intendendo « altri » rispetto a palazzo Giustiniani, puntano su carte molto meno sofisticate, dice il Fratello. Fanno balenare vantaggi molto concreti: su questo si basa la loro sollecitazione. Sollecitazione? Ma non è proibito, far pressione su un profano perché entri in loggia, o anche soltanto invitarlo a entrare?

Certo, è vietatissimo: ma ciò non toglie che « soprattutto in altre obbedienze », insiste il Fratello, si commetta il grave peccato di proselitismo diretto. Piazza del Gesù? Sì, certo: al Fratello risulta che da quelle parti si fanno vere e proprie campagne di reclutamento, lasciando intravedere i vantaggi dell'iniziazione. Quali vantaggi? « Vantaggi niente affatto spirituali, anzi molto concreti. »

Anche Gelli faceva campagne di reclutamento, e Gelli faceva capo a palazzo Giustiniani... Il Fratello si padroneggia con qualche fatica. « Gelli lo abbiamo cacciato via. Quella non è massoneria, almeno come io la intendo: lasciamo perdere. » Lasciamo perdere. Perché dunque si entra in loggia? Le motivazioni che è possibile classificare sono tante. Prima di tutto c'è la tradizione familiare e l'influsso di amici e conoscenti che si stimano, e dei quali si conosce l'appartenenza alla massoneria.

La tradizione familiare è all'origine di una specie di scorciatoia anagrafica verso l'iniziazione. I figli dei massoni, che vengono chiamati ulivelli o lupacchiotti, o anche all'inglese *lowtons*, possono essere iniziati apprendisti a diciott'anni, mentre per la normale iniziazione bisogna aspettare i ventuno anni. Questa specie di trasmissione del grembiule di padre in figlio assicura alla massoneria italiana, specialmente nelle aree a forte concentrazione liberomuratoria come la Toscana, il nucleo principale della sua consistenza quantitativa. C'è poi, frequente, la richiesta d'iniziazione di chi ha subito l'influenza di persone che stima, e di cui conosce l'appartenenza alla massoneria. O di persone che considera influenti: difficile segnare i confini fra le gradazioni del richiamo comprese fra stima e influenza, fra seduzione intellettuale o spirituale e suggestione del potere.

Ma come funziona di fatto la solidarietà massonica? Ecco i sacri testi: c'è l'impegno solenne di « soccorrere, confortare e difendere i miei fratelli ». Che vuol dire in pratica? È vero che due uomini d'affari che si siano conosciuti in loggia, o che al di fuori della loggia abbiano avuto modo di farsi reciprocamente conoscere come massoni, è più facile che si mettano d'accordo?

« Penso proprio di sì », risponde il Fratello: « non è normale che sia così? C'è forse qualcosa di male? Combinare affari implica un rapporto di fiducia, e quale migliore rapporto di fiducia è possibile immaginare, di quello che accomuna due uomini sotto il segno massonico? » Dunque si entra in loggia per interesse? « Non ho detto questo: no, in loggia non si entra per interesse, anche se non posso certo escludere che qualcuno lo faccia prevalentemente per questo, o esclusivamente per questo. Quello che voglio dire è che, una volta entrati, può anche capitare che l'esserci sia d'aiuto anche in questioni maledettamente profane. Anche perché non tutti, a quanto pare, sono in grado di trarre profitto interiore dal simbolismo massonico: e allora c'è caso che chiedano a Hiram qualcosa di molto più concreto... »

Ma questa solidarietà, che lega i massoni sotto giuramento, non può finire col danneggiare chi è al di fuori del loro mondo? « C'è anche caso che questo accada, ma certo se accade siamo completamente al di fuori dello spirito massonico. » Il Fratello su questo punto ci tiene a insistere: « Noi abbiamo un dovere di solidarietà che ci lega, ma questa solidarietà non si ferma alle pareti del tempio. Quando noi parliamo di fratellanza, implichiamo un concetto universale. La nostra fratellanza, poi, è tanto poco esclusiva che chiunque può chiedere di essere iniziato ».

Piuttosto severa, con la prassi più che con il principio della solidarietà massonica, la relazione finale votata a larga maggioranza dalla commissione parlamentare d'inchiesta sulla P2. « Non è... la solidarietà in sé e per sé considerata a destare legittime riserve quanto piuttosto la sua non avvertibilità sociale. » Cioè la « coniugazione » di quel principio con « un radicato costume di riservatezza ».

Nel novembre del 1982 Arezzo, la città adottiva di Gelli, ha ospitato un convegno organizzato dal Centro per la riforma dello stato, che è un ufficio di studi e ricerche del Partito Comunista Italiano. Oggetto, naturalmente, la P2: ma anche la massoneria nel suo insieme. Fra le relazioni, alcune delle quali sono state poi raccolte in volume (*La resistibile ascesa della P2*), quella del magistrato Marco Ramat ha esaminato gli « itinerari della massoneria del dopoguerra ».

Chiedendosi quali siano le motivazioni di chi sollecita l'iniziazione muratoria, Ramat così risponde: « Pare tuttora abbastanza frequente la spinta ad affiliarsi per spirito umanitario, per spirito di fratellanza, per fini di progresso e di automiglioramento. E non si può dire che si tratti sempre di una sublimazione che copre motivi molto meno nobili. Una ripresa di questo antico fascino ideale della massoneria ci fu, e per ragioni evidenti, negli anni del dopoguerra e anche un po' oltre; la speranza che potesse rinascere una massoneria democratica, progressista, pulita, provocò un certo reclutamento in strati politici corrispondenti...

« Ci sono poi, indubbiamente, anche affiliazioni per discendenza familiare, guidate dunque da un altro elemento affettivo. Il grosso dell'affiliazione ordinaria, però, è determinato dal desiderio di promozione sociale, così diffuso nella media e piccola borghesia... »

Più avanti, nello stesso volume, si riporta un intervento di Luigi Berlinguer dedicato agli aspetti toscani del fenomeno. La Toscana, come si sa, è la regione italiana che vanta la più massiccia e articolata presenza: un centinaio di logge, più di quaranta nella sola Firenze.

« La molla essenziale dell'affiliazione massonica anche in Toscana », dice Berlinguer in parziale contraddizione con Ramat, « è il solidarismo: pensiamo però che all'interno di esso convivano le più diverse accezioni del termine, e quindi diversi atteggiamenti individuali... Oggi la macchina pubblica e la stessa organizzazione sociale non hanno la necessaria trasparenza, favoriscono promozioni fondate troppo spesso sulla raccomandazione, sulla parzialità delle valutazioni e degli appoggi a questo scopo ottenuti, talvolta sulla sfacciata parzialità degli stessi... Cosicché, l'arte di arrangiarsi e di trovarsi canali propri all'ombra di quelli ufficiali, per il sostegno della propria attività, si è affinata perfino con fantasia e inventiva, oltre, naturalmente, che con spregiudicatezza e impudenza... Non ci si meravigli, quindi, se un'associazione solidaristica come la massoneria prende piede all'ombra del segreto, non nel senso di pretendere un supporto sfacciato dello Stato ai suoi adepti, ma al contrario attivando circuiti propri, discreti, di sostegno reciproco... »

Naturalmente il Fratello respinge con sdegno la definizione della massoneria come associazione solidaristica, per lo meno la definizione esclusiva della massoneria come tale. Al convegno di Arezzo si è detto anche che la diffusione della massoneria è un aspetto della crisi dei partiti. Fenomeno esattamente opposto rispetto a quanto accadde negli anni '10, quando il rafforzarsi dei partiti, e il loro darsi strutture permanenti, contribuì a fare entrare in crisi il « partito » massonico.

Per tornare alla classificazione delle motivazioni di chi bussa alla porta del tempio, c'è anche da considerare il fascino esercitato dai nomi illustri che nella storia della massoneria si son dati convegno sotto la volta stellata della loggia. Nomi di grandi personalità della cultura, della politica: da Goldoni a Garibaldi a Carducci, per citare i primi celebri massoni italiani che vengono in mente.

E forse ancora di più funziona il fascino esercitato dal mistero, dai simboli, dal segreto che avvolge l'istituzione massonica. « Fuggono l'ovvio, si aspettano l'inaspettato », scrive Gamberini. L'immagine esterna della confraternita dei liberi muratori non è certo priva di seduzioni, nell'epoca del grande rilancio dei misticismi, degli esoterismi. « Certo qui bisognerebbe essere chiari », dice il Fratello: « se qualcuno si fa iniziare per pura e semplice curiosità di conoscere 'il segreto', è fatale che resterà deluso ». Perché deluso, il segreto è inconsistente? « Ma quale segreto? Noi non abbiamo da comunicare al neofita niente di simile all'ultima pagina di un libro poliziesco, insomma, com'è difficile parlare di queste cose con un profano. »

Motivazioni positive, dunque, di varia natura e di vario carattere. Ma ci sono anche motivazioni negative. Alle ragioni di chi entra in massoneria bisognerà affiancare anche le ragioni di chi ne esce. Perché dalla massoneria si esce anche. Soprattutto se n'è usciti negli ultimi anni, quando l'istituzione ha subito i contraccolpi dell'affare Gelli nonostante le prese di distanze, nonostante la sconfessione.

Molti hanno preferito mettersi in sonno, come la terminologia massonica definisce lo stato d'inerzia di chi sospende la propria partecipazione alla vita della loggia, dal versamento delle quote fino alla frequenza alle adunanze. Altri se ne son proprio andati, qualcuno migrando verso la sponda concorrente di piazza del Gesù.

« Sì, può essere vero che certi ci hanno lasciati in seguito alla vicenda della loggia di Gelli. Ma secondo me lo hanno fatto non tanto perché considerino la massoneria nel suo complesso coinvolta nella faccenda, quanto perché l'immagine che lo scandalo ha riverberato sull'istituzione è stata tale da renderla inutile agli effetti del vantaggio concreto di cui si parlava prima. » Insomma: chi era entrato in loggia in vista di tornaconti personali non esattamente coincidenti con la ricerca della parola perduta, con l'ascesa verso la luce, ne è uscito al momento della crisi.

Dunque l'arte reale deve a Gelli, almeno, l'essersi liberata di qualche zavorra... « Proprio così », dice il Fratello. « In generale chiunque bussi alla porta del tempio spinto dall'interesse personale, o da una epidermica curiosità, o perché crede di entrare in quella che tu chiami la loggia-lobby: ecco, tutta questa gente, che col vero spirito massonico non ha proprio niente a che vedere, e di cui noi non sappiamo che fare, finisce che a un certo momento rimane delusa e se ne va, o almeno si mette in sonno. I morti di sonno, li chiamiamo, mica per niente... »

Ma attenzione, avverte il Fratello. C'è anche chi « entra nonostante ». Quando la marea massonica tocca apparentemente il punto più basso, quando molti sbadigli in loggia preannunciano il sonno, quando l'istituzione subisce gli attacchi dei suoi nemici, proprio allora c'è gente che bussa alla porta del tempio. « Quello che li spinge è più forte dei luoghi comuni che circolano. »

Come spiegare altrimenti la ressa per l'iniziazione alle logge, negli anni in cui Felice Cavallotti diceva che « non tutti i massoni sono farabutti, ma certo tutti i farabutti sono massoni »? O pochi anni più tardi, quando Benedetto Croce parlava del « ridicolo », del « sospetto », legati alla massoneria, ai suoi riti, alla sua segretezza?

7. *Per chi vota Hiram*

« Una ideologia massonica non esiste. La prova? Molto semplice: prendiamo un paese come il Cile. Massone Salvador Allende, massone Augusto Pinochet. Così poco ideologicamente schierata, la massoneria, da meritarsi l'ostilità di uomini così diversi come Stalin e Mussolini. Così poco schierata che in tutti i grandi casi della storia la vediamo ugualmente presente nei fronti contrapposti. La Rivoluzione americana: massoni Washington e La Fayette, ma anche la maggior parte degli ufficiali di sua maestà. La Rivoluzione francese: massoniche le assemblee parigine, massonici molti emigrati, e gli arcinemici inglesi. Abbiamo avuto il fratello Voltaire e il fratello de Maistre. A Waterloo, ecco i massoni Wellington e Blücher alle prese con i massoni Grouchy e Ney e con Napoleone: non personalmente massone, l'imperatore dei francesi, ma al vertice di una creatura politica multinazionale, l'impero appunto, in cui la rete liberomuratoria è onnipresente, parallela alla rete amministrativa. »

Il Fratello ama divagare nel tempo e nello spazio. Quello che si vorrebbe capire è se in Italia, oggi, la massoneria possa considerarsi davvero neutrale rispetto alle scelte ideologiche. Se per caso la loggia non usi trascurare, a vantaggio delle più concrete cure della politica, la sacra ricerca della parola perduta. È un discorso di cui occorre definire bene l'oggetto: infatti l'interlocutore iniziato sottolinea con molta insistenza la necessità di distinguere fra le scelte individuali e il comportamento complessivo della massoneria in quanto tale.

La massoneria moderna si è sviluppata, a suo tempo, in un mondo diviso che non di rado rimpiangeva la perduta unità. Un'antica unità politica sconvolta dall'affermarsi degli stati nazionali e concorrenti. Un'antica unità religiosa frantumata dalla riforma protestante e dalla controriforma cattolica. Un'antica unità culturale compromessa dalle nuove rivalità politiche e religiose. A questo mondo diviso, la massoneria offre un ideale di fraternità: l'istituzione è infatti universale, non conosce frontiere né steccati di carattere ideologico o confessionale. Indica l'unità di un mestiere e di un mistero, e della sublime eleganza di un gioco di simboli arcani.

Non ci si schiera, se non oltre, al di là, su un piano altro e superiore.

È proprio per salvaguardare questa neutralità programmatica che i massoni stabiliscono, fin dall'inizio, il divieto di trattare in loggia argomenti di carattere religioso o politico. La propria scelta confessionale, si pensi all'importanza del tema in un paese come l'Inghilterra, in cui coabitano una maggioranza riformata e una minoranza cattolica, e all'interno della maggioranza una quantità di denominazioni diverse e non di rado litigiose, deve restare fuori della porta del tempio.

Così la scelta politica del massone. Tutte belle parole, naturalmente, perché questa rigorosa norma costituzionale è stata fin troppe volte contraddetta dalla prassi. Non tanto perché si sia dato vita, in loggia, a discussioni politiche: non è questo il punto. Il punto è che le organizzazioni nazionali della massoneria, gran logge o Grandi Orienti, hanno ceduto molto spesso alla tentazione di far politica in prima persona.

Contribuendo così a determinare quella che un autore iniziato come Leone Braschi (*La Massoneria*) definisce « massoneria degenerata »: collocando l'inizio della degenerazione negli anni della Rivoluzione francese. « All'oro della sapienza iniziatica preferì quello metallico, al magistero esistenziale antepose o sovrappose quello ideologico; s'impadronì dei governi, degli eserciti, delle banche, dei partiti: l'Ottocento fu il secolo della sua progressiva involuzione, fino agli albori del Novecento. »

Quanto alla massoneria oggi, ecco il quadro che ne fa Braschi: « Lacerazioni interne, lotte e abusi di potere, divisioni, secessioni, congiure, faide e malversazioni – tutti i difetti e i delitti del mondo profano sono diventati un penoso e tragico retaggio dei massoni contemporanei. La saggezza è scaduta in ignoranza, l'amore in odio, l'umiltà in superbia: il lento cammino iniziatico s'è trasformato in una corsa affannosa e rissosa al posto di comando; l'unione fraterna è diventata scontro di fazioni, il codice d'onore è stato sostituito da quello penale ».

A tanto ha dunque portato la profanazione politica della massoneria? Il Fratello non condivide la gradazione del giudizio di Braschi (« non esageriamo, lo stato della massoneria non è così catastrofico »), ma ne condivide in parte la sostanza. Prima ancora del discorso politico, del resto, conviene affrontare un discorso molto più generale. La neutralità politica, che è la regola così poco rispettata della massoneria, discende a sua volta da una scelta di neutralità filosofica. Sentiamo come due autori massoni descrivono, dall'interno dell'istituzione, il principio della neutralità filosofica e la regola conseguente delle mani nette dagli affari politici.

Salvatore Farina, studioso della complessa araldica massonica (*Gli emblemi araldici della libera muratoria*), sviluppa con molta efficacia la sua premessa non ideologica. La massoneria, dice Farina, « non può mai ed in alcun modo essere considerata come una scuola filosofica. Una qualsiasi filosofia di cui si faccia banditrice, comporterebbe di per sé ad una enunciazione di principi che ne restringerebbero gli sconfinati orizzonti e contrasterebbero in ogni caso con il carattere iniziatico sia dell'Ordine sia del Rito, i quali possono anche, nel loro programma esoterico, richiamarsi ad una o ad un'altra filosofia ed anche a questa o quella religione, ma erra di grosso chi ne voglia trarre atteggiamenti preferenziali: l'Iniziato sa che la Verità e la Luce sono oltre simili manifestazioni e che il metodo vale solo in rapporto al fine ultimo ».

Al discorso del fratello Farina ecco affiancarsi, con singolare parallelismo, il discorso del fratello Bacci sulla neutralità in politica. Ulisse Bacci fu gran segretario del Grande Oriente un secolo fa, proprio quando la massoneria italiana cominciò a cedere alla tentazione del potere, fino a identificarsi nel « superpartito » degli anni di Lemmi e Nathan. Bacci ebbe dunque modo di studiare molto da vicino questo fenomeno costituzionalmente degenerativo, addirittura contribuì a determinarlo. Ma ebbe anche modo di registrare le resistenze di chi rimaneva fedele ai vecchi principi, all'impegno solenne di considerare l'istituzione serenamente e maestosamente al di sopra delle parti.

Così infatti scrive Bacci nel suo *Libro del massone italiano*: « A moltissimi ripugnava e ripugna una Massoneria trasformata in partito politico, anche perché, a prescindere dal carattere fondamentale dell'Ordine, con quella trasformazione si sarebbero segnati limiti, sia pure alti e lontani, di funzione, di opera, di esistenza: si sarebbe posposto a scopi secondari e parziali il principio, universalmente accettato, del perfezionamento indefinito e continuo dell'uomo e dell'umanità ».

La neutralità ideologica della massoneria, avvertono gli specialisti di latomistica ma anche i semplici iniziati, non dev'essere intesa come invito a disinteressarsi delle grandi scelte culturali e politiche. « Al contrario », sostiene il Fratello: « il massone è sempre stato un uomo ben dentro la corrente del mondo, un uomo attivo nella storia, dunque un uomo che le sue scelte le ha fatte anche nel campo profano. Ma le ha fatte, o dovrebbe averle fatte, al di fuori del tempio di Hiram ».

Secondo Antonio Gramsci la massoneria è « l'organizzazione reale della classe e della ideologia della borghesia capitalistica ». Il Fratello accoglie questa citazione con un'alzata di spalle. Ma non può cavarsela così a buon mercato – e stavolta deve stringersi, nelle spalle – davanti alla citazione di un figlio della luce, Umberto Gorel Porciatti. Nel suo *Avviamento alla Massoneria*, costui parla di « ambizioni sfrenate, inconfessabili interessi, simonia, odi e rancori personali », come elementi capaci di « distruggere il Tempio piuttosto che edificarlo ». Del resto, prosegue Gorel Porciatti, tutto ciò « addolora, sdegna, ma non produce nemmeno la più lieve incrinatura sulla tersa e adamantina superficie di quel meraviglioso solido che è la Massoneria ».

Leggo in una pubblicazione francese, *Humanisme* (n. 104, novembre-dicembre 1974), rivista del Grande Oriente di Francia, che la prima funzione del simbolismo massonico è una funzione antidogmatica: « La diversità delle interpretazioni possibili concretizza in modo evidente il carattere adogmatico dell'Ordine massonico, e costituisce uno stimolo alla comprensione individuale dei fondamenti reali della tolleranza ». Tolleranza che non è, spiega l'organo dei massoni francesi maggioritari, accettazione passiva: al contrario, tolleranza come diritto di sviluppare la propria interpretazione e di confrontarla con le interpretazioni altrui.

Naturalmente, parlando del Grande Oriente di Francia, c'è da registrare una differenza di fondo con la massoneria italiana e con il resto della francese: nonostante il fatto che furono gli esuli giacobiti, di religione cattolica molto accentuata, a far compiere al messaggio liberomuratorio la traversata della Manica, il tempio che dipende da rue Cadet è oggi un tempio laicizzato. Non più obbligatoria la scritta che sovrastava, e che sovrasta tuttora in altre logge, il seggio del venerabile, la dedica al Grande Architetto dell'universo.

Di fatto, con l'eccezione di alcune logge, il Grande Oriente di Francia non opera più nel nome del Grande Architetto: ciò che gli è valso l'ostilità di molte obbedienze. Maggiore dunque, nella massoneria di Francia che ha distrutto i ponti con la tradizione religiosa, l'enfasi sul non dogmatismo.

In Italia, secondo Giordano Gamberini, un limite c'è alla tolleranza massonica. « Certo che c'è, è fissato nelle costituzioni di Anderson: il massone deve credere in Dio, non può essere ateo né agnostico. » Prescrizione storicamente disattesa: perché non di rado massone è stato sinonimo di libero pensatore. Anche nelle massonerie che continuano a ispirarsi al Grande Architetto, del resto, l'elasticità è sempre stata storicamente tale da favorire il differenziarsi, nelle varie obbedienze nazionali, di un'anima razionalista accanto all'anima mistica.

Qualcuno ci ha provato, a delineare i caratteri storici di quella che con qualche acrobazia si è chiamata « religione massonica ». Caratteri oscillanti fra un generico deismo (religione naturale, senza rivelazione, senza dogmi, senza autorità) e un teismo appena più ortodosso, dal momento che lascia sopravvivere il dio creatore in termini di provvidenza.

I problemi dell'identità religiosa, del resto, in Italia hanno subito modificazioni in conseguenza di considerazioni politiche. Dapprima la scomunica pontificia, poi la naturale contrapposizione fra Stato e Chiesa dopo il risorgimento « profanatore », hanno fatto sì che la massoneria si è caratterizzata, uscendo dalla sua olimpica neutralità, in termini di furente anticlericalismo. Del resto adeguatamente controbilanciato, da parte cattolica, da un antimassonismo altrettanto furente. Di qui la frammentarietà della massoneria italiana: il proliferare di obbedienze scismatiche e minoritarie.

Una strutturale instabilità ha caratterizzato del resto la vicenda della massoneria in molte parti del mondo. Nonostante l'indeterminatezza costituzionale, e forse proprio per questo, gli Orienti nazionali hanno sempre avuto vita travagliata nei paesi latini. È una storia piena di divisioni, di scismi laceranti. Da palazzo Giustiniani esce piazza del Gesù, così come qualche generazione prima dalla loggia parigina di Saint-Thomas esce la loggia di Saint-Thomas au Louis d'argent.

Anche perché l'antidogmatismo ha un'altra faccia, che è

l'individualismo. Ecco, se proprio si vuol cercare una ideologia massonica, questo è certo: non può che essere una ideologia dell'individualismo. È proprio in omaggio alla supremazia dell'individuo che i massoni preferiscono, alla parola progresso, la parola perfezionamento. Scrive Gamberini: « Ogni volta che Logge o Comunioni si sono apprestate a servire alla folla e non all'individuo, c'è stata una sosta o una retroversione nel cammino della Massoneria ». Individualismo anche elitario: la massoneria speculativa, come già l'antica corporazione di cui si proclama erede, è un meccanismo di trasmissione di segreti detenuti da pochi intimi.

L'individualismo è esattamente il contrario del culto delle grandi individualità. « C'è un errore diffuso nella vita di molti massoni », dice il Fratello: « l'errore di credere che per essere un buon massone occorra comportarsi come si è comportato, o come si ritiene si sarebbe comportato, questo o quel personaggio della nostra storia. Errore: ogni problema va affrontato con uno sforzo di valutazione individuale ». Individualismo, dunque, sia pur temperato dallo spirito e dalla prassi della catena di unione.

Altro carattere destinato a sopravvivere a ogni rifiuto dell'ideologia è l'universalismo, facilmente traducibile in politica come internazionalismo. È per questo che la massoneria è sempre stata in rapporto di conflittualità con i nazionalismi, mentre il suo carattere antidogmatico le è costato, oltre l'ostilità della chiesa cattolica e di altre chiese, l'inimicizia di ogni sistema politico a base rigidamente dottrinaria, come i sistemi attuali del cosiddetto socialismo reale.

Proprio perché intimamente internazionalista, la massoneria ha alimentato una quantità di generose utopie ottocentesche, dalla Croce Rossa alla lingua internazionale. Lo stesso principio della diplomazia multilaterale deve molto all'entusiastico apporto dei figli della vedova: che tuttora celebrano la giornata della pace nel giorno anniversario della conferenza sul disarmo dell'Aia. È così caratterizzante, questo aspetto dell'istituzione liberomuratoria, che dovunque nel mondo si scateni contro di essa una crociata, o anche soltanto una polemica, immancabilmente sarà designata come « massoneria internazionale ». Lasciandosi così implicitamente intendere che, qualunque sia l'operazione in corso che si rimproveri ai fratelli, certo obbedisce a misteriose regie, annidate chissà dove.

Al di là dei connotati comuni, antidogmatismo, individualismo, universalismo, la massoneria ha finito con l'assumere, nelle varie epoche e nelle varie realtà nazionali, caratteri locali specifici. Così la massoneria italiana è stata nell'Ottocento e oltre, come si è visto, radicalmente opposta al temporalismo pontificio, e per conseguenza decisamente anticlericale. La massoneria francese lo è tuttora, anticlericale, così come si caratterizza per essere politicamente progressista. Istituzionale, conservatrice se non reazionaria, invece, l'immagine della massoneria britannica, che in parte l'accomuna alla prosperosa figlia americana.

Insomma, a ben vedere sono due le massonerie che hanno attraversato la storia, così come, lo abbiamo visto, sono state due le anime, la mistica e la razionalista, che ne hanno definito i connotati filosofici. La massoneria anglosassone, legittimista, istituzionale. La massoneria francese, radicale, liberale, democratica. La prima più attenta al caposaldo costituzionale della neutralità, la seconda, proprio per la sua eterodossia pratica, alle prese con il ricorrente fenomeno delle scissioni.

Come si può dunque definire oggi, da questo punto di vista, la massoneria italiana? Prima di tutto c'è da registrare che essa ha subito unitamente l'influsso francese e quello anglosassone, mettendo insieme, per così dire, un carattere composito. Poi c'è da rilevare una differenza d'immagine fra palazzo Giustiniani e piazza del Gesù. Ma certo sarebbe semplicistico dire, come pure si dice: palazzo Giustiniani alla francese, piazza del Gesù all'inglese. Doppia identificazione che dovrebbe fare i conti, d'altra parte, col fatto che proprio piazza del Gesù ha contatti stretti con rue Cadet, mentre palazzo Giustiniani è massonicamente forte del riconoscimento della gran loggia unita d'Inghilterra.

L'articolazione è più sottile, più complessa: anche se nonostante tutto, soprattutto nonostante i travasi e i rimescolamenti, resiste un'immagine storica. A palazzo Giustiniani una massoneria avanzata, di tipo più modernamente occidentale, in piazza del Gesù una massoneria nera. Immagine storica, ma approssimativa, consunta, insoddisfacente.

Altra immagine, su cui il Fratello insiste volentieri mentre infuria lo scandalo Gelli, quella della massoneria antifascista. « Antifascista per natura, prima ancora che per scelta: antifascista perché tollerante, internazionalista, avversa alle verità preconfezionate. » Sta di fatto che il fascismo disciolse l'istituzione, mentre le squadre prendevano d'assalto le logge, e il gran maestro di palazzo Giustiniani finiva al confino di Lipari.

D'accordo, ma veniamo ai nostri giorni. C'è o non c'è un orientamento politico della massoneria italiana? Inutile sollecitare su questo punto un dignitario del Grande Oriente: ti dirà sempre che in questi termini il problema semplicemente non si pone. Che la massoneria non è un partito. Che si può parlare delle scelte politiche dei singoli fratelli, ma che non esistono scelte politiche della massoneria in quanto tale. Che c'è un orientamento prevalente nella massoneria, non della massoneria.

Parliamo dunque delle scelte singole. È vero che si raduna nelle logge italiane, sia pure senza mai parlar di politica, qualcosa di simile a un partito americano? È vero che la maggior parte dei massoni risulta politicamente orientata verso il Partito Socialista Italiano e i partiti laici minori? È vero che in particolare i due partiti socialisti e il Partito Repubblicano hanno molti iscritti che praticano il culto di Hiram? È vero che il solo Partito Comunista, fra quelli rappresentati in parlamento, ha stabilito l'incompatibilità fra l'iscrizione alle proprie sezioni e l'appartenenza alle logge massoniche?

È tutto vero. La tendenza filoamericana prevalente nelle logge italiane viene spiegata, al di là delle possibili simpatie politiche, con il potente influsso della massoneria degli Stati Uniti. Che i partiti laici minori e il socialista siano largamente maggioritari, nel loro complesso, in un ipotetico referendum riservato ai soli figli della luce, è fatto ormai tradizionale. Il piccolo partito demolaburista, costituitosi nel 1943, uno dei sei partiti dell'esarchia del Comitato di Liberazione Nazionale, raggruppò alla costituente alcuni autorevoli rappresentanti della rinascente massoneria, da Meuccio Ruini a Mario Cevolotto.

Fra gli ultimi massoni che si sono avvicendati alla carica di gran maestro di palazzo Giustiniani, Giordano Gamberini è stato un esponente del Partito Socialista Democratico, Lino Salvini aveva in tasca la tessera del Partito Socialista. L'attuale gran maestro, Armando Corona, dopo l'originaria militanza nel Partito Sardo d'Azione è stato il più autorevole rappresentante del Partito Repubblicano in Sardegna.

Vero, infine, che nonostante una recente strategia dell'attenzione il Partito Comunista tiene fermo sul principio dell'incompatibilità: o comunisti o massoni. Dunque aveva ragione Gramsci, a proposito dell'ideologia borghese? Per rispondere, sarà meglio cercar di capire quali siano, socialmente, le provenienze dei figli della vedova.

Ma prima bisognerà affrontare il problema della massoneria come partito trasversale. Trasversale, nel senso che attraversa varie formazioni politiche, non corrispondendo ad alcuna di esse. Più precisamente, il problema è questo: la presenza della massoneria in diversi partiti – tutti, praticamente, con la sola eccezione dell'estrema sinistra – determina un partito sotterraneo, capace d'influire sulle scelte?

Se lo chiedi al Fratello, lui scrolla le spalle: « Guarda, al massimo può funzionare la sollecitazione personale, oggettiva e implicita nel fatto di riconoscersi entrambi come aderenti all'istituzione, di un massone nei confronti di un altro massone di differente obbedienza politica. Ma che esista un partito massonico, sotterraneo, interforze, trasversale rispetto agli altri partiti, questa è pura fantasia ». Pura fantasia: e la P2? Il Fratello insiste sul suo appassionato distinguo: « Insomma, qui bisogna che ci mettiamo d'accordo, o parliamo della massoneria o parliamo della P2. Io non posso accettare che si parli della P2 come parte di un discorso sulla massoneria ». D'accordo, per ora.

Secondo i partecipanti al già citato convegno di Arezzo del 1982, il carattere della massoneria come partito trasversale consiste e si manifesta nel fatto che le logge hanno funzionato, non di rado, come « comitati elettorali a favore di rose di candidati appartenenti ai più diversi partiti politici » (Marco Ramat). Niente di scandaloso, in fondo, a parte l'offesa al logoro mito della neutralità massonica. Niente di simile, ancora alla potenza politica del « superpartito » di Lemmi o Nathan, all'occupazione del potere da parte del Grande Oriente nell'Italia di fine secolo.

Un po' meno innocente, anche se difficile da analizzarsi in modo sistematico, un altro campo d'intervento che molti concordano nel definire tradizionale della massoneria italiana.

Quello che Luigi Berlinguer, ancora al convegno di Arezzo, ha chiamato « una degenerazione del solidarismo ». Perché degenerazione? « Perché esso, il solidarismo, finisce con l'affermarsi fuori da ogni possibile controllo democratico. » Ecco le « degenerazioni patologiche » citate da Berlinguer, nel suo intervento sulla massoneria in Toscana: « Il fenomeno delle bustarelle in margine a concessioni o appalti pubblici, per la costruzione di un'autostrada in Iran, nel settore dei beni culturali a Firenze, in quello delle agenzie pubblicitarie, presso il ministero dell'Industria per imprese toscane, per finanziamenti IMI, per forniture in Comuni o alla Regione, per la diffusione del metodo SECAM nel tv color, ecc. ».

Lo stesso Berlinguer ammette che questa elencazione può essere fuorviante: perché accanto alle « degenerazioni patologiche » non è possibile affiancare l'analisi dell'« attività ordinaria, quotidiana della massoneria ». Insomma, qui si studiano le patologie di un corpo del quale s'ignora la fisiologia. Infatti, spiega Berlinguer, « non possiamo confermare l'impressione che ci siamo fatta, di un'attività diversificata, difficilmente omogeneizzabile, in qualche caso anche di un certo interesse ». Fuorviante anche, commenta il Fratello, l'avere a disposizione la sola patologia: non è poi così corretto attribuire alla massoneria in quanto tale una bustarella passata di mano in mano dopo una stretta massonica...

Ma bisognerebbe anche studiare il fenomeno massonico secondo l'ottica determinata dai comportamenti dei vari partiti nei suoi confronti. C'è una evidente incompatibilità fra massoneria e Partito Comunista: non soltanto per il divieto statutario, ma anche perché c'è contraddizione fra due scelte entrambe così esclusiviste. E il divieto statutario non fa che prenderne atto. Atteggiamento più ambiguo quello della Democrazia Cristiana: è vero che anche in questo caso c'è contraddizione, fra il solidarismo cattolico e il solidarismo massonico, e poi c'è di mezzo la tradizione storica del conflitto massoneria-chiesa di Roma. Ma è anche vero che, come è stato detto ad Arezzo, la Democrazia Cristiana « riesce ad adattarsi alle diverse pieghe della società senza nulla sposare o rifiutare decisamente ». Di fatto, c'è una certa presenza massonica nella Democrazia Cristiana, o, se si preferisce, una certa presenza democristiana nella massoneria.

L'area laico-socialista, come abbiamo visto, è quella in cui più facilmente può riconoscersi un massone. Quella che di fatto fornisce alle logge la maggior parte dei frequentatori. « Questa è una coincidenza che ha ragioni storiche, tradizionali », spiega il Fratello. « Noi non siamo un partito, ma se proprio dovessimo esserlo, ecco, saremmo il partito della tolleranza. Logico che il partito della tolleranza graviti, di fatto, verso i partiti della tolleranza, i partiti non dogmatici, i partiti di opinione. Insomma, mi sarebbe davvero difficile ricevere in loggia il generale Pinochet: avrei invece trovato naturale la visita del fratello Allende. »

Anche in campo internazionale, infatti, la massoneria tende a identificarsi con le società tolleranti, non dogmatiche, non ideologizzate. C'è anche da dire che altrove, soprattutto nelle massonerie di lingua inglese, un discorso come quello che si può fare in Italia, a proposito del partito massonico, provoca meraviglia. Ho provato a chiedere a un massone americano come si rifletta, nelle logge degli Stati Uniti, la tradizionale divisione dell'opinione politica nei due grandi partiti. « Non saprei proprio, bisognerebbe fare un sondaggio, potrebbe anche essere interessante. » Poi ha citato personalità politiche, di obbedienza massonica, appartenenti sia al campo repubblicano, sia al democratico: e fra costoro non pochi presidenti degli Stati Uniti.

Ma forse molto più che la scelta politica è significativa, per studiare la massoneria e possibilmente per capirla, l'appartenenza sociale. Espressione della borghesia capitalistica, dice Gramsci. È proprio così? È forse vero che la borghesia, oltre a distendersi sul divano di Freud per vincere la noia, secondo la sprezzante espressione di Musil, si è trovata a bussare alla porta del tempio, magari per soddisfare un'esigenza molto simile? L'arte reale come psicoanalisi: un'associazione che insieme diverte e irrita il Fratello. Cerchiamo piuttosto di vedere dove, nella società italiana e all'estero, Hiram esercita il suo fascino e il suo richiamo.

8. *I muratori borghesi*

« PARTITO del ceto medio? Ceto medio, se vuoi, a parte la difficoltà di definire esattamente che cosa sia... Ma partito, no davvero: l'ho detto e lo ripeto, se non altro per ragioni di numero, non credo proprio che la massoneria si possa considerare un partito. A meno che non lo si voglia definire il partito dell'affratellamento di tutti: che a ben vedere è una contraddizione verbale. Ma non facciamo giochi di parole: è uno spirito diametralmente opposto, il nostro, allo spirito di parte... » Così il Fratello puntualizza, di fronte al tentativo di una prima approssimazione.

Si tratta di collocare l'istituzione dei figli della luce nell'insieme della società. Nonostante la collaudata metafora muratoria, sembra di poter escludere che sia la classe operaia ad affollare le logge. Degli austeri strumenti del lavoro manuale i massoni non fanno che un uso rigorosamente simbolico. E non senza essersi prima infilati quei guanti bianchi, che in un cantiere farebbero davvero uno strano effetto. Niente classe lavoratrice, o quasi: è dunque piuttosto il ceto medio a fornire gli adepti del culto di Hiram.

Il Fratello offre un campione che conosce molto bene: « Inutile stare a fare tanti discorsi: ti dirò la composizione effettiva della mia loggia. Credo che sia molto significativa, se non proprio perfettamente rappresentativa dell'universo massonico italiano. Dunque: tre avvocati, due commercialisti, due professori di scuola media e uno di università, tre funzionari dell'amministrazione statale, un imprenditore, due medici, un ufficiale dell'esercito, un giornalista, quattro pensionati, credo tutti e quattro provenienti dal pubblico impiego ».

Marco Ramat indica nel desiderio di promozione sociale, « così diffuso nella media e piccola borghesia », la principale fra le motivazioni che inducono gli aspiranti apprendisti a bussare alla porta del tempio. Gruppo sociale che « si sente sotto-rappresentato, sotto-considerato in sede politica, sia per le frammentazioni del ceto, sia perché nessun partito può riconoscerlo apertamente come propria base caratterizzante ».

Ramat fa a questo punto un'osservazione interessante: « La

medio-piccola borghesia ha da sempre una pessima rappresentazione in letteratura. In questa piccolo-media borghesia commerciale, industriale, impiegatizia, funzionariale troviamo la fascia più grossa della massoneria, a confine con una più ristretta cerchia di ceto borghese più alto che è la riserva ideale per arrivare all'élite, al potere sulla fratellanza... »

« Nei vertici », spiega ancora Ramat, « fanno spicco gli alti gradi militari e di polizia, i liberi professionisti e i grossi finanzieri. La realizzata vocazione al governo massonico di coloro che provengono da queste categorie è alimentata, ad esempio, dall'ambizione al comando (militari), da un esasperato individualismo (liberi professionisti), dal genio dell'intrigo (finanzieri). Comunque, tutte le caste massoniche, destinate poi al governo dell'istituzione, provengono da situazioni sociali appartate, poverissime di esperienze associative e sindacali, 'apolitiche' nel senso proprio del termine. »

Mi sembra che Ramat illustri con molta efficacia il rapporto privilegiato dell'istituzione massonica con gruppi sociali caratterizzati, in genere, da un bisogno largamente insoddisfatto di rappresentanza. Come si è accennato trattando le motivazioni dell'aspirante massone, l'istituzione non a caso ha avuto nella storia d'Italia un andamento ciclico: le sue maggiori fortune sono coincise con la fase che precedette lo sviluppo dei partiti in forma massiccia e organizzata e, in anni più recenti, con una evidente crisi dei partiti stessi.

Sul carattere borghese, anzi piccolo-borghese della massoneria, insisté a suo tempo con accenti durissimi Benedetto Croce. « La massoneria semplifica tutto, la storia che è complicata, la filosofia che è difficile, la scienza che non si presta a conclusioni recise, la morale che è ricca di contrasti e di ansie. Essa passa su tutte queste cose trionfalmente, in nome della ragione, della libertà, della umanità, della fratellanza, della tolleranza. E, con coteste astrazioni, si argomenta di distinguere a colpo d'occhio il bene dal male e viene classificando fatti e uomini per segni esteriori e per formule. Cultura ottima per commercianti, piccoli professionisti, maestri elementari, avvocati, mediconzoli, perché cultura a buon mercato; ma perciò stesso pessima per chi deve approfondire i problemi dello spirito, della società, della realtà. »

Una cultura a buon mercato, dunque, una cultura semplicistica e approssimativa è insieme causa e conseguenza, nel giudizio del filosofo, dell'insediamento massonico nel ceto medio. Una specie di condanna intellettuale, questa di Croce, unita a un'attribuzione antropologica forse troppo esclusiva. Al di là del giudizio culturale, che viene attribuito a « ingenerosa incomprensione », i massoni rispondono a Croce ricordando che allora, quando lui scrisse quelle parole così aspre, proprio l'identificazione massoneria-borghesia era inaccettabilmente semplificatrice. Almeno nella forma esclusiva in cui l'ha proposta il filosofo.

Giordano Gamberini ricorda che nelle matricole del Grande Oriente nei primi decenni del secolo c'è « una insospettata percentuale di uomini di mare, ferrovieri, tipografi, lattonieri, calderai, cuochi, offellieri e perfino vetturini e braccianti: il resto sono i soliti avvocati, medici, professori, impiegati, industriali e commercianti ». Categorie, queste, che poi via via sono prevalse: « come in tutta l'odierna società alfabetizzata », precisa l'ex gran maestro.

Resta il fatto che nel 1882 il Grande Oriente d'Italia vietò espressamente la costituzione di logge operaie. « Naturale », commenta il Fratello: « autorizzare la costituzione di una loggia operaia è altrettanto insensato che fare una loggia di soli medici, o di soli veterinari. E poi non bisogna dimenticare che in quell'occasione si vietò, è vero, la costituzione di logge formate da soli operai, ma al tempo stesso si decise d'incoraggiare l'ammissione di operai nelle logge ordinarie ».

Sarà il caso di ricordare che un secolo fa, quando appunto si poneva il problema delle logge operaie e degli operai in loggia, la classe dei lavoratori non aveva ancora quelle sue forme associative, sindacali e politiche, alle quali avrebbe più tardi consegnato la rappresentanza dei propri interessi e la gestione delle proprie aspettative. Si trovava allora nella stessa condizione che ha invece seguitato a caratterizzare, come si è visto, certe categorie del ceto medio: che hanno quindi continuato a guardare alla massoneria come a un luogo di possibile rappresentanza sociale.

Questo è un discorso che il Fratello accetta a malincuore. « La loggia come organo di rappresentanza sociale? Guarda, qui è arrivato il momento di fare qualche distinzione. Vogliamo parlare dello spirito massonico? E allora non confondiamo le cose: la loggia non è un organo di rappresentanza, la loggia è il luogo dove l'individuo, il singolo, cerca di perfezionare se stesso. »

Lo spirito massonico, d'accordo: ma parliamo un pochino della realtà massonica. Non sempre esattamente coincidente con lo spirito, a quanto pare... « Vuoi proprio farmelo dire, tu vuoi che io dica che si va in massoneria alla ricerca di protezione. Va bene: questa motivazione esiste, ne abbiamo già parlato. Ma se uno crede che entrare in massoneria sia come prendere la tessera di un partito, ecco questo è uno che ha sbagliato gravemente. » Saranno errori gravi, ma certo sono errori frequenti.

Purtroppo non è possibile oggi stabilire, con anagrafica esattezza, quale sia la geografia sociale della massoneria italiana. Non si va oltre le approssimazioni cui abbiamo accennato. Piccola borghesia, borghesia medio-alta. Un elemento storicamente accertato in tutte le epoche è il richiamo della massoneria nei confronti delle forze armate. Non soltanto in Italia, ma in quasi tutti i paesi in cui il fenomeno muratorio sia massiccio. Altro campo di reclutamento privilegiato, la diplomazia. Ma più in passato, a quanto pare, che ai giorni nostri.

Il diplomatico di obbedienza massonica gode di un vantaggio evidente, se assegnato a una capitale in cui la presenza e l'influenza dei figli della luce siano notevoli. In qualche modo la qualità di massone torna a comportare, in questo caso, gli stessi vantaggi che alcuni secoli fa attraevano gli aristocratici europei desiderosi di contatti internazionali, e li spingevano a bussare, da massoni accettati, alla porta del tempio.

Certo che oggi come allora, tradizionalmente, la massoneria è veicolo di relazioni internazionali. Naturalmente l'autonomia di questo veicolo, il suo raggio d'azione, è limitato a quei paesi in cui i figli della vedova possono liberamente riunirsi. Fattore questo che esclude il mondo del socialismo reale, oltre che una parte del cosiddetto Terzo mondo.

Diffusissima nell'intero Occidente euroamericano, e in molti paesi d'Africa e d'Asia, la massoneria è particolarmente potente negli Stati Uniti. Si calcola che i fratelli americani siano oggi almeno quattro milioni. Molti presidenti degli Stati Uniti, da George Washington a Gerald Ford, hanno cinto il grembiule in loggia. L'ordine è articolato in America con tante gran logge quanti sono gli Stati: più volte è stata proposta la fondazione di una gran loggia generale degli Stati Uniti, fin dai tempi di Washington che avrebbe dovuto esserne il gran maestro. Ma ha resistito la soluzione federale. Quanto al rito, si divide in due grandi circoscrizioni. La circoscrizione nord, che ha sede a Boston, e la circoscrizione sud con sede a Washington, dove il supremo consiglio madre del mondo fu trasferito da Charleston, capitale storica della massoneria americana.

Se Oltreatlantico è il centro mondiale del rito scozzese, basta andare Oltremanica per trovare la capitale della massoneria simbolica. Il carattere istituzionale della massoneria inglese (circa settemila logge, settecentocinquantamila fratelli) è adeguatamente illustrato dal fatto che a capo dell'istituzione, nella forma dell'alto patronato, c'è la regina in persona. Situazione non priva di caratteri paradossali, se si pensa che l'alta patrona, se mai volesse avvicinarsi a una delle settemila logge inglesi, o delle diecimila logge del Regno Unito, verrebbe gentilmente ma fermamente invitata a togliersi di torno. Sul principio dell'esclusione femminile, infatti, la massoneria britannica è di una rigidezza inflessibile, fino al rifiuto della stessa reale eccezione.

Gran maestro della gran loggia unita d'Inghilterra è un cugino della regina, il duca Edoardo di Kent. È stato consacrato al vertice dell'istituzione nel 1967, con una fastosa cerimonia al Royal Albert Hall che celebrava il duecentocinquantesimo anniversario della gran loggia unita. Due secoli e mezzo di vita, e un prestigio intatto alla testa del movimento massonico: ma qualche amarezza domestica.

Infatti non sono buoni i rapporti fra la gran loggia e Buckingham Palace. Non tanto perché il sovrano è di sesso femminile, quanto perché il principe consorte, Filippo di Edimburgo, non è andato al di là del grado di apprendista. È entrato in massoneria perché così vuole la tradizione, e le tradizioni contano presso la corte di San Giacomo. Ma il dovere tradizionale, il principe è convinto di averlo assolto con la prima iniziazione. Così da allora questo svogliatissimo massone ha cacciato il grembiule in un cassetto, e sordo ai richiami di Hiram pensa a tutt'altro.

Un bel guaio per la gran loggia unita: eppure c'è di peggio. Il principe di Galles, a sua volta, di bussare alla porta del tempio non ha la minima intenzione. Naturalmente ci sono forti pressioni attorno a lui, una loggia della marina di sua maestà è pronta ad accoglierlo, lui che oltre a essere erede al trono serve anche nei ranghi degli ufficiali di marina.

Le organizzazioni massoniche nazionali sono legate da rapporti di tipo diplomatico: il rappresentante di una gran loggia, o di un Grande Oriente, presso un'altra gran loggia, o un altro Grande Oriente, si chiama garante di amicizia. Non sempre c'è normalità di rapporti: per esempio come abbiamo visto il Grande Oriente d'Italia, considerato a Londra troppo invischiato nelle faccende politiche rispetto alla statutaria neutralità massonica, ha dovuto aspettare più di un secolo prima di festeggiare a palazzo Giustiniani l'arrivo del garante di amicizia della gran loggia unita d'Inghilterra.

Non di rado le massonerie nazionali sono divise, come in Italia, come in Francia, e in questi casi è tutto un gioco per assicurarsi i riconoscimenti internazionali, che sono una specie di garanzia di legittimità massonica. Molto spesso, come si è visto a proposito della lunga attesa italiana, il riconoscimento è legato al principio della neutralità in politica. Infatti le massonerie anglosassoni su questo punto sono intransigenti.

Diverso il caso delle massonerie latine. In Italia, come si sa, la tentazione della politica è stata troppo spesso irresistibile per i vertici massonici. Così in Francia, dove l'istituzione è altrettanto divisa. La massoneria francese maggioritaria, detta di rue Cadet dall'indirizzo parigino del Grande Oriente, è laica e orientata a sinistra. Ha alla sua obbedienza circa quattrocentocinquanta logge, ventimila membri. La sua laicità non è vincolante per le logge aderenti: tanto che in alcune di esse si opera nel nome del Grande Architetto.

Al Grande Oriente di Francia, e ad alcune obbedienze alleate come la gran loggia di Francia, si contrappone la gran loggia nazionale francese, detta dalla sua sede loggia di Neuilly. Fedele all'antica impostazione religiosa, la gran loggia nazionale francese ha regolari rapporti diplomatici con le massonerie anglo-americane e con il Grande Oriente d'Italia. All'obbedienza di Neuilly erano le logge militari spagnole che, analogamente a quanto accadde in Italia nel '43, hanno preparato la rinascita massonica dopo la dittatura.

Ci sono poi in Francia numerose obbedienze minori. Per

esempio una gran loggia nazionale francese Opéra, costituita nel 1958 da un gruppo di fratelli della gran loggia nazionale francese, preoccupati per l'apertura di questa gran loggia all'influenza anglo-americana, in quel periodo di rinascente isolazionismo gollista. C'è anche una gran loggia femminile di Francia, esclusivamente riservata alle donne. E ci sono due massonerie miste, il Droit Humain e il Droit Humain-Tradition.

Quanto agli alti gradi, c'è il supremo consiglio di Francia per il rito scozzese, il gran collegio dei riti che amministra, oltre al rito scozzese, anche lo scozzese rettificato e il rito di Memphis-Misraim. Ci sono anche un gran priorato delle Gallie e un gran priorato di Francia, rispettivamente collegati con la gran loggia nazionale francese e la gran loggia nazionale francese-Opéra: ma si tratta di ordini cavallereschi, sia pure riservati ai massoni.

È tale l'ansia di legittimità che caratterizza le formazioni massoniche, che si dà luogo a strane alleanze internazionali. Per esempio esiste un centro di collegamento delle massonerie firmatarie del cosiddetto appello di Strasburgo, che raggruppa formazioni così diverse, quanto a immagine ed esperienze, come il Grande Oriente di Francia, noto per la sua accentuazione laicistica, e la serenissima gran loggia italiana del generale Ghinazzi. Quest'ultima discende da piazza del Gesù, vale a dire dall'ala filocattolica della massoneria italiana, e per giunta è massonicamente eterodossa, anche rispetto al Grande Oriente di Francia, per via della famosa questione femminile.

Quanto al mondo del cosiddetto socialismo reale, la massoneria è stata soppressa dappertutto, con la sola eccezione di Cuba. Storicamente, il movimento aveva solide radici in Russia, in Ungheria, in Cecoslovacchia. In quest'ultimo paese c'è stato una specie di rilancio massonico ai tempi della Primavera del '68. Ma la tragica fine del tentativo di Aleksandr Dubček riportò le cose al punto di partenza.

Il Grande Oriente di Francia segue con particolare attenzione ciò che accade nell'Est europeo, tentando di favorire con approcci diplomatici una possibile ripresa massonica. Ma finora tutto è stato vano. A Parigi, al tempo della grande emigrazione di fuoriusciti russi, negli anni che seguirono la Rivoluzione del 1917, furono fondate alcune logge di esuli.

9. *Le due piramidi*

Una doppia piramide invade le cronache italiane nella tarda primavera del 1984. Questa singolare figura geometrica è in realtà una piramide sovrastata dal proprio doppio, debitamente ribaltato. Insomma, una specie di clessidra. Ma il tempo che quella clessidra scandisce è un tempo enigmatico e convulso, il tempo del più ingarbugliato affare che mai abbia riempito di sé gli annali della repubblica.

L'immagine della doppia piramide è tratteggiata nelle ultime pagine di un ponderoso documento: la relazione preliminare su cui si basa, alla commissione parlamentare d'inchiesta sulla loggia massonica P2, la fase finale di una complessa attività, che si è conclusa a metà luglio. Tina Anselmi, deputata democristiana del Veneto, presidente della commissione, ha affidato a questo rapporto le conclusioni di due anni e mezzo di lavori: ora non restava che affrontare la discussione finale, in modo da giungere puntuali all'appuntamento di mezza estate e consegnare al parlamento nel termine previsto, un termine che ha già conosciuto tre dilazioni, la verità sull'affare P2. Con qualche modifica in cui accoglie suggerimenti e integrazioni venuti dal dibattito in commissione, la relazione preliminare si è trasformata così nel rapporto che il 10 luglio, durante la loro centoquarantasettesima seduta, trentaquattro commissari contro quattro, e uno astenuto, hanno approvato come documento finale dei loro lavori.

Il rapporto finale riprende la metafora delle due piramidi. Così scrive Tina Anselmi nella parte conclusiva della sua relazione: « Per rappresentare questa situazione possiamo pensare ad una piramide il cui vertice è costituito da Licio Gelli; quando però si voglia a questa piramide dare un significato è giocoforza ammettere l'esistenza sopra di essa, per restare nella metafora, di un'altra piramide che, rovesciata, vede il suo vertice inferiore appunto nella figura di Licio Gelli ».

Ecco, la caccia è aperta: se Gelli è il punto di giunzione dei due solidi, posizione scomoda come tutte le posizioni-chiave, se la piramide inferiore è una scatola piena, piena degli iscritti alla loggia P2, o almeno di coloro che si ritengono, in base a vari indizi, iscritti alla P2, l'altra metà del solido, la piramide superiore, è invece una scatola vuota. E la politica ha orrore del vuoto: bisogna riempirla.

Riempire questa piramide rovesciata significa anche riempire una vistosa lacuna nella relazione Anselmi. « Quali forze si agitino nella struttura superiore non ci è dato conoscere », vi si spiega infatti, « al di là dell'identificazione del rapporto che lega Licio Gelli ai servizi segreti. » Lacuna grave, perché la stessa Anselmi presenta la piramide inferiore come una semplice struttura esecutiva, mentre nel solido sovrastante « vengono identificate le finalità ultime ». Finalità non proprio esattamente precisate, come si vedrà, ma certo inquietanti, e soprattutto tuttora perseguite. C'è infatti la sensazione che la P2 sia tutt'altro che finita. Umberto Ortolani, uno dei più stretti collaboratori di Gelli, non ha forse ottenuto dalla magistratura il sequestro di alcuni libri che parlano di lui?

Caccia aperta, dunque, senza esclusione di colpi: anche perché nei giorni in cui è uscita la relazione preliminare il Paese vive una nervosa vigilia elettorale; il 17 giugno si vota infatti per il rinnovo del parlamento europeo. Così la Roma politica si dà un gran daffare, e quando Rino Formica, che in commissione rappresenta il Partito Socialista, chiama in causa la Democrazia Cristiana come fornitrice degli inquilini per la piramide superiore, e con cento trasparenti allusioni indica in Giulio Andreotti, il potente ex presidente del consiglio ora ministro degli Esteri, il « burattinaio del burattinaio », il Paese è a un passo dall'ennesima crisi.

Non sarebbe la prima volta, del resto, che la P2 è causa diretta o indiretta di terremoti politici. Intanto pochi giorni prima la crisi è stata evitata per poco, dopo che Pietro Longo, segretario del Partito Socialista Democratico e ministro del Bilancio, ha protestato perché l'Anselmi definisce « sostanzialmente attendibili » le liste di affiliati alla P2 sequestrate tre anni prima nell'ufficio di Gelli a Castiglion Fibocchi. In quelle liste figura anche il nome di Longo, che sostiene da sempre di non aver mai fatto parte della P2, e scatena una tempesta politica, a malapena placata dopo alcuni giorni. Giusto in tempo per creare lo sfondo appropriato per la requisitoria di Formica.

Quando poi, a luglio, la relazione finale confermerà che le liste di Castiglion Fibocchi sono « autentiche e attendibili », il ministro del Bilancio lascerà il governo. Soluzione da molti considerata insoddisfacente, o almeno incompleta: come segretario di uno dei cinque partiti della maggioranza che sostiene il governo di Bettino Craxi, Longo continua infatti a contribuire alla determinazione della politica nazionale.

Crisi politica seria, ancora, quella che tre anni prima, nel maggio del 1981, ha travolto il governo di Arnaldo Forlani. Sono passate poche settimane, era il 17 marzo, da quando una pattuglia di guardie di finanza agli ordini del colonnello Vincenzo Bianchi ha trovato, negli uffici della ditta GioLe di Castiglion Fibocchi, direttore generale Licio Gelli, una quantità di documenti riservatissimi di vari uffici governativi e una lista con 953 nomi. Materiale esplosivo: ci sono dentro i vertici dei servizi segreti, alti ufficiali delle forze armate, personalità politiche, alti funzionari, nomi celebri della finanza e dell'editoria.

Materiale tanto esplosivo che il comandante generale della guardia di finanza, Orazio Giannini, telefona preoccupato al suo ufficiale. Vacci piano, colonnello, gli dice: lì dentro ci sono tutti i vertici, qui ci va di mezzo il corpo...

E non soltanto i vertici della guardia di finanza. Figurano nella lista i nomi di 422 funzionari pubblici, di vario grado e di varia localizzazione nella burocrazia statale. Tutti i ministeri più importanti sono largamente rappresentati. La Difesa con 152 nomi, fra i quali una quantità di generali e ammiragli. Le Finanze con 52 presenze. Gli Interni con 19 funzionari, fra i quali tre prefetti e quattro questori. Gli Esteri con 4 presenze: c'è anche l'ambasciatore Francesco Malfatti di Montetretto, segretario generale della Farnesina. Ci sono i nomi di 34 funzionari della Pubblica Istruzione, 21 delle Partecipazioni Statali, 13 dell'Industria e Commercio, 21 del ministero di Grazia e Giustizia.

Fra questi ultimi figurano sedici magistrati in attività di servizio, fra i quali Mario Marsili, che oltre a essere giudice al tribunale di Arezzo è anche genero di Gelli. Ci sono poi i nomi di tre magistrati non più in servizio: uno di loro è Carmelo Spagnuolo, che è stato procuratore generale presso la corte di appello di Roma e presidente di sezione della corte di cassazione.

Impressionante, nelle carte di Castiglion Fibocchi, lo spiegamento di alti gradi militari. Ci sono i nomi di 52 ufficiali dei carabinieri, 37 della guardia di finanza (uno di costoro è il generale Giannini, di cui si spiega così l'allarmata e precipitosa reazione), 50 dell'esercito, 29 della marina, nove dell'aeronautica, sei della pubblica sicurezza.

I servizi segreti sono rappresentati al massimo livello: dai generali rivali Gianadelio Maletti e Vito Miceli a Giuseppe Santovito, da Giulio Grassini a Pietro Musumeci, e giù lungo la scala gerarchica fino al colonnello Antonio Viezzer, al capitano Antonio La Bruna.

Ci son proprio tutti, dice allibita la Roma politica. Allibita? Non proprio generale dovrebbe essere la sorpresa, dato che nella lista figurano anche i nomi di 36 deputati e senatori, senza contare gli esponenti politici di vario rilievo che non hanno incarichi parlamentari. Cominciano a fioccare le smentite. Fra i politici, il solo deputato socialista Fabrizio Cicchitto ammette: sì, faccio parte della loggia P2.

I giudici milanesi, che hanno ordinato la perquisizione nel quadro delle indagini sull'affare Sindona, come erano approdati alla pista Gelli? Su indicazione di quest'ultimo, come si sospetterà più tardi? Guido Viola, il sostituto procuratore della repubblica che ha richiesto la perquisizione, per iniziativa dei giudici istruttori Giuliano Turone e Gherardo Colombo, respinge l'insinuazione. E ribadisce che è stato Joseph Miceli Crimi, il medico italo-americano che molti dicono legato alla CIA, e che con il banchiere detenuto in America è in ottimi rapporti, a introdurre il nome di Licio Gelli nell'inchiesta su Sindona. A Castiglion Fibocchi, si dice, i finanzieri contavano di trovare il famoso tabulato, il misterioso elenco dei clienti privilegiati di Michele Sindona.

Invece del tabulato, ecco la lista P2. Il 19 marzo, la lista viene consegnata al presidente del consiglio Forlani. E anche l'altro materiale: « documenti riservati del governo », spiegano i giudici milanesi, « nei quali è implicita una ipotesi di reato gravissima, il procacciamento di notizie concernenti la sicurezza dello stato ». Insomma, s'intravede in controluce una torbida vicenda di spionaggio.

Sarà soltanto nella notte fra il 20 e il 21 maggio che l'ufficio stampa della presidenza del Consiglio distribuirà l'elenco dei 953. Si dice a Roma che è stato il segretario democristiano, Flaminio Piccoli, a dare via libera; è proprio questo ritardo di due mesi a determinare il destino del governo Forlani. Quello stesso 20 maggio il banchiere Roberto Calvi, presidente del Banco Ambrosiano, è stato arrestato: deve rispondere di gravi reati valutari. Il suo nome è nella lista. Per il potente finanziere s'inizia con questo arresto una tragica vicenda, che si concluderà con una morte atroce e misteriosa sotto un ponte di Londra.

Ma perché tanta emozione, perché tanti sconquassi, visto che l'uomo di Castiglion Fibocchi, Licio Gelli, manda a dire dal rifugio sconosciuto in cui si è messo al riparo da prevedibili sorprese, che l'elenco sequestrato nel suo ufficio non è la lista degli affiliati alla loggia, non è che un indirizzario, un elenco di persone che hanno i requisiti per entrare in massoneria, quindi da tener presenti per l'eventuale affiliazione? Nonostante i tentativi sdrammatizzanti di Gelli, si è ormai diffusa nel Paese la sensazione che ci si trovi di fronte a un intrigo capace di insidiare la corretta fisiologia delle istituzioni. Una loggia segreta, una loggia coperta come si dice, in cui un migliaio di persone e magari anche molte di più, se è vero che Gelli ha vantato, in un'intervista, di poter contare su 2400 affiliati, operano agli ordini di questa figura ambigua. E quali persone!

Nelle stanze del potere si ricordano le tre relazioni con cui, a metà degli anni '70, il capo dell'ispettorato per l'azione contro il terrorismo, Emilio Santillo, segnalò preoccupato il fenomeno Gelli, parlando di rapporti con il neofascismo eversivo, e più in generale di « destinazione di attività diversa da quella specifica della massoneria ». Nessuno aveva dato retta, allora, a Santillo: di cui anzi era stata impedita l'attesa nomina al vertice dei servizi segreti. Il suo allarme trova ora una preoccupante conferma nel fatto che le liste, i mille di Gelli, sono state trovate accanto a carte ufficiali, che dovrebbero essere ben custodite nelle casseforti dell'amministrazione.

Per vederci chiaro, il presidente Forlani ha nominato, nel periodo intercorso fra la disponibilità degli elenchi e la loro pubblicazione, un comitato di tre saggi. Sono giuristi illustri: Aldo Sandulli, Vezio Crisafulli, Lionello Levi-Sandri. Devono trovare la risposta alla domanda che tutti si pongono: questa benedetta P2, è o non è una società segreta?

Domanda chiave, perché se la P2 è una società segreta la P2 va sciolta. Non è forse vero che l'articolo 18 della costituzione vieta espressamente le società segrete? Così i tre saggi, ma non soltanto loro, perché la curiosità è ormai diffusa a molti livelli, si danno un gran daffare attorno alla figura di Licio Gelli. Immediatamente si registra una contraddizione che sarà regolarmente segnalata, d'ora in avanti, da chiunque si occupi di queste faccende. La contraddizione fra la grandiosità dell'intrigo che s'intuisce, intrigo di affari e di politica, di spionaggio e controllo dell'informazione, e la mediocrità del protagonista. In fondo è anche per risolvere questa contraddizione che Tina Anselmi, nella sua relazione, è indotta a sovrapporre alla piramide della P2, nel punto di contatto occupato da Gelli, la piramide rovesciata di un potere misterioso e reale, il potere delle « finalità ultime ».

Tutti a scavare nella vita di Licio Gelli, dunque. Chi è costui? L'anima nera della repubblica, com'è stato pomposamente definito? L'eminenza grigia perennemente visibile, o intuibile, dietro tutti gli intrighi, tutti i maneggi? Un torturatore diventato agente segreto, come affermano le prime frettolose biografie? L'uomo che nel libro-inchiesta dell'inglese David A. Yallop (*In God's Name*) viene addirittura sospettato, e più che sospettato, di aver fatto uccidere, nel 1978, niente meno che papa Giovanni Paolo I, colpevole di voler fare pulizia nelle finanze vaticane, rovinando quindi attraverso Paul Marcinkus, il banchiere pontificio, gli amici Sindona e Calvi? O più semplicemente, come lo definisce Gianfranco Piazzesi (*Gelli – la carriera di un eroe di questa Italia*), « un commerciante in informazioni, anzi un commerciante con la vocazione del collezionista »?

Vediamo di dare un'occhiata alla sua tempestosa biografia. È nato a Pistoia nel 1919, e il fascismo trionfante lo annovera, ancora ragazzino, fervidamente coinvolto. Tanto che allo scoppio della guerra di Spagna lui proprio non se la sente di stare a guardare: così falsifica un documento, e prima ancora dell'età minima per combattere eccolo volontario in una formazione di camicie nere. Qualche anno dopo, tornato a casa, scrive una specie di memoria di guerra, che s'intitola *Fuoco!*: un piccolo capolavoro di fanatismo mussoliniano.

Durante la guerra mondiale Gelli fa il suo servizio militare. In Piemonte, in Albania, nel Montenegro. L'8 settembre lo coglie all'ospedale militare romano del Celio. Torna in Toscana, diventa ufficiale di collegamento con i tedeschi. Perfettamente integrato nella congeniale atmosfera repubblichina. O almeno così parrebbe. Ma così non è proprio del tutto: c'è dell'altro, Gelli ha fiutato il vento e prepara la propria sopravvivenza.

Insomma, il legionario di Spagna, l'interprete dei nazisti, l'uomo che gira fiero della sua fascistissima divisa, fa il doppio gioco. Gelli ha fegato, e si muove con abilità su quell'insidiosissima scena: strappa ai tedeschi partigiani prigionieri, in particolare è protagonista di una spettacolare irruzione a Villa Sbertoli, dove una quarantina di detenuti vengono salvati, rifornisce di armi e informazioni i ribelli che operano in montagna.

Nell'ottobre del '44 Gelli deve lasciare i luoghi delle sue gesta, perché evidentemente la parte ufficiale della sua attività, quella svolta alla luce del sole e al servizio dei tedeschi, nel nuovo clima politico è diventata un retaggio imbarazzante e pericoloso. È vero che lui è maestro nel coprirsi le spalle, operazione essenziale in questa stagione di vendette. Tanto per cominciare si mette agli ordini del controspionaggio militare americano, il Counter Intelligence Corps, al seguito della Quinta Armata.

Inoltre le benemerenze partigiane che ha acquisito nei mesi dell'occupazione gli procurano un documento prezioso. È un salvacondotto, porta la firma di Italo Carobbi, comunista, presidente del Comitato di Liberazione di Pistoia: « Questo comitato dichiara che il Gelli Licio di Ettore, pur essendo stato al servizio dei fascisti e dei tedeschi, si è reso utile alla causa dei patrioti pistoiesi. Esso ha 1) avvisato partigiani che dovevano essere arrestati; 2) messo a disposizione e guidato personalmente il furgone della federazione fascista per portare sei volte consecutive rifornimenti di viveri e di armi alla formazione di Silvano e alle formazioni di Pippo dislocate in Val di Lima; 3) partecipato e reso possibile la liberazione dei prigionieri politici detenuti alla Villa Sbertoli. In considerazione di quanto sopra, questo comitato autorizza Gelli Licio a circolare senza che possa in alcun modo essere disturbato. Resta salva la facoltà di esaminare con maggior cura le attività svolte dal Gelli Licio, onde stabilire definitivamente la sua posizione ».

Carte in regola, nonostante la riserva finale, per cominciare come si deve un dopoguerra altrimenti difficile. Lo stesso Carobbi, nel gennaio del '45, fornisce a Gelli un secondo documento. È una lettera che il presidente del CLN di Pistoia indirizza al CLN di Napoli. Gelli deve andare a La Maddalena, in Sardegna, e Carobbi dà istruzioni ai compagni napoletani perché lo aiutino « nel limite delle possibilità, nell'espletamento della concessione del permesso per recarsi in detta località ».

Il Comitato di Liberazione non ha soltanto rifornito Gelli di carte così preziose: si saprà anche che lo ha addirittura affidato a tre partigiani comunisti perché lo scortino in camion a Roma, al sicuro. Alle smentite del Comitato, si è fatta strada l'ipotesi che il Partito Comunista in quanto tale abbia organizzato la spedizione. Perché? La risposta che traspare è perfino ovvia: perché Gelli aveva informazioni da fornire.

È il settembre del '45 quando Gelli, colpito da un mandato di cattura della federazione pistoiese, viene arrestato dai carabinieri in Sardegna. E allora lui mostra prima di tutto il salvacondotto con la firma di Carobbi, poi rivela la propria qualità di collaboratore del controspionaggio americano, infine consegna una lista con una cinquantina di nomi: i nomi di altrettanti fascisti pistoiesi, che accusa di collaborazionismo. « Volevo evitare che vi facessero fuori direttamente i partigiani », dirà Gelli ai camerati traditi, « non è forse meglio finire in carcere che restare esposti alle vendette private? » In realtà non ha fatto grandi rivelazioni: i nomi sono di gente nota. Ma come vedremo la questione assumerà un suo valore molti anni più tardi.

Intanto le prime disavventure giudiziarie di Gelli si sono concluse, nel '47, con la rituale amnistia. Il futuro capo piduista fa per qualche tempo il venditore ambulante. Poi diventa autista e segretario di un deputato democristiano, Romolo Diecidue. Nel '49 con un socio, Emo Romiti, apre una libreria a Pistoia. Tre anni, una gestione in rosso, alla fine il socio non ce la fa più a coprire quei risultati disastrosi.

Ma che cosa ci faceva Gelli nella libreria di Pistoia? Vendeva libri? Risposta troppo semplice, troppo ovvia. Secondo una nota del SIFAR, i servizi segreti militari di allora, Gelli ha troppi quattrini in tasca per essere uno che vende libri. La nota SIFAR, attribuita al « noto informatore dell'ambasciata americana », è del 1950, e parla di un Gelli che « almeno dal 1947 » è un agente dei servizi segreti dell'Est, lui che da sei anni è legato al Partito Comunista. Poiché un bravo agente segreto ha bisogno del passaporto, e il recente passato di Gelli gli rende difficile ottenerlo, lui si è iscritto, dice la nota SIFAR, prima alla Democrazia Cristiana, poi al Partito Monarchico, quindi al Movimento Sociale. Gelli è uno, dice ancora l'informativa, che « vanta rapporti con eminenti personalità politiche ».

Continua, in ogni modo, ineccepibili attività ufficiali. Dopo il fallimento della libreria, ecco Gelli rappresentante delle macchine per scrivere Remington. E finalmente, nel '56, un nuovo lavoro che stavolta ha l'aria di durare: Gelli diventa capo dell'ufficio pubbliche relazioni di un'impresa che produce materassi a molle, la Permaflex di Giovanni Pofferi. L'ex camicia nera si rivela un dirigente dalle notevoli doti d'intraprendenza: uno che sa allacciare contatti con la gente che conta.

Per questo va spesso a Roma. E ancora più spesso frequenta la capitale dal '62, da quando si è trasferito a Frosinone. Perché l'abile materassaio, ormai bene introdotto nel mondo politico, ha inserito l'azienda per la quale lavora con successo, la Permaflex, nel meccanismo assistenziale della Cassa per il Mezzogiorno. A Frosinone appunto, area coperta sul piano degli incentivi economici dalla Cassa, e sul piano politico dall'essere zona d'influenza di Giulio Andreotti, viene inaugurato un nuovo stabilimento. Direttore generale lui, Licio Gelli, che riesce ad assicurarsi commesse miliardarie, rifornendo di materassi a molle le affollate basi della NATO.

In questo florido periodo Gelli bussa alla porta del tempio di Hiram. L'iniziazione dell'ambizioso apprendista avviene nel novembre del '63 presso la loggia romana intitolata a Gian Domenico Romagnosi, di cui è venerabile l'avvocato Bruzio Pirongelli. Eccolo, dunque, con tanto di grembiule dalla bavetta rialzata, godersi in pace le dolcezze del miracolo economico.

Nel '67 c'è una brusca rottura con la Permaflex: Gelli lascia Frosinone e si stabilisce ad Arezzo. Qui entra in rapporti di affari con i fratelli Lebole, continuando a occuparsi di materassi nella società Dormire. Ancora una volta, Gelli ottiene ottime commesse. Alla sua redditizia carriera industriale si accompagna una rapida carriera massonica. Ne parleremo più diffusamente nel capitolo successivo, in cui si cercherà di vedere e capire la P2 dall'interno, appunto, della massoneria. Per ora qualche accenno.

Nella loggia Romagnosi l'apprendista Gelli incontra Roberto Ascarelli, che è gran maestro aggiunto del Grande Oriente d'Italia. Ascarelli segnala Gelli al gran maestro, Giordano Gamberini. È il 1966: Gelli viene sottratto alla sua loggia, elevato al grado di maestro, trasferito nella loggia Propaganda 2, la loggia coperta in cui figurano i fratelli che bisogna proteggere da sguardi indiscreti. Questi fratelli coperti non sono, per ora, che una cinquantina. Di questa loggia, per tradizione, è venerabile il gran maestro in persona.

È la stessa eccellente capacità organizzativa che ha favorito i suoi trionfi industriali a promuovere Gelli nell'universo massonico: ora infatti viene incaricato del proselitismo nella P2. Lui si dà da fare, coopta gente importante, ha un occhio di riguardo per gli uomini in uniforme. Ai militari frustrati, svuotati di peso politico e di prestigio sociale, la P2 sembra restituire un ruolo. Il fratello arruolatore non guarda tanto per il sottile: ci sono fratelli in sonno che vengono cooptati d'autorità, c'è un misterioso raggruppamento Gelli P2 che ha sede accanto alla loggia Hod, altra organizzazione atipica, nell'ufficio di Ascarelli in piazza di Spagna, ci sono le prime polemiche all'interno della massoneria.

C'è un gruppo di fratelli, saranno chiamati « massoni democratici », che muove all'attacco contro l'emergente imprenditore toscano che è approdato alla mitica P2. Dove propone ai fratelli un interessante problema: come ci comporteremmo se un mattino, al risveglio, trovassimo i « clerico-comunisti » al potere?

Le polemiche interne alla massoneria finiranno con il riportare a galla il turbinoso passato di Gelli. Nel '71 il nuovo gran maestro di palazzo Giustiniani, che è il medico fiorentino Lino Salvini, ha nominato Gelli segretario organizzativo della P2: una carica inedita in massoneria. La mossa fornisce ai nemici di Salvini l'occasione di attaccarlo attaccando Gelli. Così si cercano informazioni a Pistoia, e da Pistoia ecco arrivare, a fine aprile del '72, una lettera di Giuseppe Corsini, senatore comunista, ex sindaco della città toscana, indirizzata a Menotti Baldini, massone amico di Corsini.

Scrive dunque il senatore che Gelli « era il factotum della federazione fascista ed era l'organizzatore di tutte le azioni di rappresaglia, anche senza motivazione, che vennero compiute in quel tempo. Aveva una jeep a disposizione e l'inseparabile mitra che non esitava a puntare, e anche a scaricare, quando avesse voluto imporre il suo volere. Assieme al suo degno compare Fronzaroli da Bardolino dava corso alle più spietate torture su coloro che erano arrestati sotto il pretesto di appartenenza o anche di semplice simpatia verso le formazioni partigiane ».

Fin qui la parte per così dire ufficiale della vita di Gelli negli anni della Resistenza, così come la racconta Giuseppe Corsini. Eccoci ora alla parte che chiameremo ufficiosa, quella relativa ai contatti con le organizzazioni partigiane. « Gelli aveva un cognato, Fedi Gino, già condannato per antifascismo, che si adoperava per farlo desistere dal suo comportamento e indurlo ad operare con noi per salvarsi. Ma rifiutò sempre i suggerimenti del cognato, nonostante fosse consapevole che lo aveva già salvato due volte da sicura morte. Si decise alfine quando capì che per il fascismo non poteva esserci più scampo [aprile-maggio 1944] e promise che avrebbe collaborato con noi fornendo tutte le notizie utili per la salvaguardia delle nostre formazioni e delle personalità notoriamente antifasciste, oltre che gli spostamenti della milizia e delle truppe tedesche tendenti all'attacco delle formazioni partigiane. Per far ciò avrebbe dovuto mettersi in contatto con il nostro comandante militare [Gorino Gori], ma la promessa non la mantenne. Fu allora che volli esser posto a contatto diretto con lui per fargli comprendere che aveva intrapreso un gioco molto pericoloso e che le nostre azioni non potevano attendere decisioni incerte o a sua discrezione... Gli feci presente che... se intendeva riabilitarsi veramente, si doveva unire ai partigiani della zona nelle operazioni che compivano ai danni delle truppe tedesche... Si nascose e, con la protezione del cognato, riuscì a salvare la pelle, per la quale avevo disposto che fosse riservato il dovuto trattamento. »

C'è da rilevare, oltre all'evidente contraddizione fra la testimonianza Corsini e la testimonianza Carobbi, il fatto che in altri documenti Corsini modifica in alcuni punti, a proposito di date e circostanze diverse, la ricostruzione che ha affidato a questa lettera. Lettera che viene usata contro Gelli, in massoneria, da Ferdinando Accornero, un fratello della loggia Romagnosi. È il '72, e il gran maestro Salvini preferisce non dar seguito alla tavola di accusa preparata da Accornero. Ma ormai, in realtà, Gelli fa paura anche al gran maestro, che cerca di ridimensionare una presenza così ingombrante.

Il rapporto fra la P2 e il Grande Oriente conosce a metà degli anni '70 una evoluzione radicale. Alla gran loggia del '73 il grande oratore Ermenegildo Benedetti attacca Gelli e la sua loggia. Alla fine del '74, alla gran loggia di Napoli, viene decisa la demolizione della P2. Salvini pensa per un momento di avercela fatta, e scrive trionfante a Gelli: « mi sei simpatico, ma ti congedo ». Ma non è facile congedare Gelli, che alla gran loggia del marzo '75 organizza una micidiale controffensiva.

Appoggiandosi su un gruppo di fratelli, in buona parte provenienti da piazza del Gesù (la riunificazione delle due sponde è giusto di due anni prima), e avvalendosi con grande abilità della collaborazione di quegli stessi massoni democratici che fin qui lo hanno attaccato mirando a Salvini, alla gran loggia di Roma scatena contro il gran maestro una grandinata di accuse gravissime: tangenti, ufficiali della finanza mobilitati per risolvere questioni personali, soldi incamerati personalmente. Un attacco indiretto, perché Gelli manda in prima linea un giovane fratello, Martino Giuffrida, mentre lui manovra dietro le quinte dell'Hilton, dove si tiene la fatale gran loggia, per sfruttare al meglio lo smarrimento del gran maestro.

Di fronte a un simile fuoco di sbarramento, infatti, Salvini cede. Non solo la P2 viene ricostituita, sia pure non più nella forma rigorosamente coperta di prima, ma il gran maestro rinuncia a esserne il venerabile. Venerabile sarà lui, Licio Gelli, vincitore così su tutta la linea.

Il guaio è che nel frattempo la P2, e di riflesso la massoneria, cominciano a occupare spazio nelle cronache giudiziarie. Sono inquisiti, testimoni, confidenti che chiamano in causa l'istituzione nelle inchieste sul golpe Borghese del 1970 e sulla Rosa dei Venti. Nel '75 un detenuto, Aurelio Fianchini, parla di una « loggia segreta e potente » in relazione alla strage dell'*Italicus*, dell'agosto '74. Poi c'è un bandito coinvolto nell'affare dei sequestri, Albert Bergamelli, che dice al giudice: « Attenzione, una grande famiglia mi protegge ». Vittorio Occorsio, il giudice messo in guardia, sarà assassinato il 10 luglio del '76.

Anche i servizi segreti si occupano di Gelli. O almeno ci provano. Per esempio nel '72 c'è una nota informativa che dice: Gelli si proclama agente del SID, con nome di copertura Filippo. Nel '74 c'è un'altra nota, in cui il nome di Gelli viene per la prima volta accostato alla sigla P2. Ma queste due note, redatte a Firenze, non raggiungono Roma. Dai vertici dei servizi, come fra qualche anno risulterà alla commissione d'inchiesta, partono tuoni e fulmini verso gli zelanti ufficiali fiorentini: che scherzo è questo di indagare su Gelli, « persona influente e utile al servizio »? Sempre nel '74, l'ufficio informazioni della guardia di finanza redige tre relazioni su Gelli: saranno trovate fra le sue carte a Castiglion Fibocchi! E dei tre ufficiali che hanno compilato le informative uno, Antonino De Salvo, entrerà nella P2, un secondo, Luciano Rossi, morirà suicida, il terzo, Giuseppe Serrentino, lascerà il servizio per malattia, per poi morire in un incidente stradale che la relazione Anselmi definirà « inspiegabile ».

Intanto Gelli querela i giornali che parlano di lui in relazione alle inchieste giudiziarie. Inchieste che non lo turbano più di tanto. Infatti manca ai magistrati la collaborazione dei servizi. Il solo ad aiutare i giudici sarà Emilio Santillo, capo dell'ispettorato per l'azione contro il terrorismo, che fra il '74 e il '76 produce tre rapporti su Gelli, in cui mette in relazione il capo della P2 con l'eversione nera. Ma Santillo non ha potuto accedere agli archivi dei servizi segreti: il suo lavoro è per forza lacunoso. Così l'interessato continua a essere sicuro di sé.

Manda una circolare ai fratelli rassicurandoli: state tranquilli, è una congiura, passerà. Partecipa con Carmelo Spagnuolo, con Edgardo Sogno, con Flavio Orlandi, con Francesco Bellantonio alla raffica di affidavit con cui si cerca d'impedire che Michele Sindona, fuggito in America nel '74, venga rimpatriato e debba rispondere delle sue disinvolte operazioni finanziarie.

Ormai Gelli e la P2 sono al centro di una imbarazzante attenzione. Pierluigi Vigna e Alberto Corrieri, i giudici fiorentini che si occupano del delitto Occorsio, ricevono un memoriale da Francesco Siniscalchi, uomo di punta dei massoni democratici. Anche giudici di altre procure, che indagano su varie trame e stragi chiedono copia del dossier Siniscalchi. E in relazione al dossier interrogano Salvini e Gelli. Quest'ultimo, su pressante e multipla richiesta, non ha che un modo per smentire che la P2 sia una società segreta: la pubblicazione dei ruoli. Così consegna a Vigna un elenco di 511 nomi.

Nel frattempo sono accadute alcune cose. Nel maggio del '76 Gelli si è presentato a Pistoia, e ha chiesto a Italo Carobbi una copia del salvacondotto del '44. La copia non si trova, e così Carobbi scrive sui due piedi un nuovo attestato: « Quale ex presidente del Comitato di Liberazione di Pistoia attesto che il signor Gelli Licio, pur facendo parte della Repubblica di Salò, ha collaborato con il gruppo Silvano Fedi in azioni partigiane, tra le quali quella della liberazione di quaranta detenuti politici della Villa Sbertoli. Salvo altre possibili informazioni, a me non risulta che si sia macchiato di delitti politici ».

Come si vede, è un documento molto più generico di quello del '44. Non vi si parla delle informazioni fornite da Gelli ai partigiani, né di altri dettagli. Perché il capo della P2 sente il bisogno di chiedere questo attestato? Secondo Piazzesi per un'esigenza autodifensiva di fronte al Partito Comunista, che comincia ad attaccarlo per l'emergenza P2. Al PCI ostile Gelli ricorda i rapporti stretti degli anni della Resistenza, e al tempo stesso fa in modo che di quei rapporti, ormai imbarazzanti per la nuova immagine di uomo d'ordine che si è creato, non ci sia menzione. Infatti nell'attestato Carobbi si parla solo di collaborazione con il gruppo Fedi, che era una formazione anarchica, e non si parla di informazioni fornite ai gruppi comunisti.

L'ostilità verso Gelli e la sua chiacchieratissima loggia si è del resto ormai generalizzata. È proprio richiamandosi a questa ostilità generale, all'impossibilità che ne consegue di garantire un tranquillo svolgimento dei lavori di loggia, che Gelli chiede la sospensione della P2. È il 1976, e la loggia di Gelli entra in una fase nuova, le cui caratteristiche in rapporto alla regolarità massonica vedremo meglio nel prossimo capitolo. Qui ci preme segnalare soltanto un paio di cose. Primo: il provvedimento di sospensione, abbastanza consueto per fratelli singoli, è assolutamente inedito per una loggia intera. Secondo: la sospensione della P2 blocca i normali processi di avvicendamento delle luci, consentendo a Gelli di rimanerne il venerabile oltre ogni scadenza.

Non solo: ma approfittando del fatto che la congiura dell'Hilton ha inevitabilmente innescato un procedimento giudiziario, il venerabile riesce ad assicurarsi un inestimabile vantaggio. Si sbarazza dei massoni democratici, che vengono espulsi senza tanti complimenti. Infatti un unico processo riguarda Gelli, Siniscalchi, Benedetti e altri, oltre al Bellantonio che è stato gran maestro di piazza del Gesù, e gran maestro onorario di palazzo Giustiniani durante la breve euforia della riunificazione. Lui, Gelli, se la cava con una censura solenne, e l'interdizione triennale dalle cariche massoniche. Tanto per la regolarità: e del resto arriverà presto, premuroso e generoso, il provvedimento di grazia del gran maestro.

Siamo ormai negli anni della massima potenza di Licio Gelli, maestro venerabile di una loggia sospesa che continua a cooptare gente, finalmente al riparo dall'insidia degli oppositori interni, cacciati dalla massoneria. Come consigliere economico dell'ambasciata di Argentina a Roma, Gelli gode anche di status diplomatico. È ricco, è potente, è temuto, è corteggiato. Riceve la gente che conta in un appartamento all'albergo Excelsior di via Veneto. È qui che l'ex gran maestro Giordano Gamberini, ispettore della P2, inizia i nuovi fratelli.

Ad Arezzo vive in una lussuosa villa che domina la città, di cui ormai è considerato un notabile. È socio dei fratelli Lebole, di cui amministra abilmente la gratitudine. Non ha forse, il Gelli, salvato dal disastro la loro industria di abbigliamento, facendo in modo che venisse assorbita dal gruppo ENI? E dalla collaborazione con i Lebole è nata la GioLe, l'azienda di Castiglion Fibocchi che consente a Gelli di realizzare enormi profitti commercializzando in Occidente abiti confezionati in Romania, a prezzi da Terzo mondo. Altri grossi profitti vengono a Gelli grazie all'amicizia e alla collaborazione di un finanziere che ha convinto a entrare nella P2, Umberto Ortolani, un uomo molto vicino all'Istituto per le Opere di Religione, la banca vaticana di Marcinkus, e agli ambienti finanziari latino-americani.

Insomma: nonostante l'ingresso a vele spiegate della P2 in quasi tutte le più scottanti inchieste giudiziarie, Gelli prosegue tranquillo per la sua strada. Ma qual è la sua strada? Affari? O qualcosa di più e di diverso? Spionaggio forse, come si dice, sulla duplice singolare rotta dell'America latina e dell'Est europeo? Gelli, non è forse di casa a Bucarest come a Buenos Aires o a Montevideo? Per non parlare degli Stati Uniti, dove le sue altolocate aderenze gli permettono di presenziare come invitato, nel gennaio del '77, all'insediamento del presidente Jimmy Carter. Quattro anni dopo, ormai alla vigilia dell'irruzione dei finanzieri a Castiglion Fibocchi, Gelli si gode un'altra solennità politico-mondana, fra gli invitati in marsina all'*inauguration* di Ronald Reagan.

Secondo un'informativa del SISDE datata 1982 – cioè successiva alla sostituzione di Grassini, capo del servizio e affiliato alla P2, con De Francesco – Gelli si muoveva sulla scena del mondo con il valido supporto di un azzurro passaporto diplomatico. Ma il ministero degli Esteri smentirà di averglielo mai rilasciato.

Quando il venerabile si presenta a Pistoia per sollecitare da Carobbi il nuovo attestato di benemerenza partigiana, è in corso sulla stampa italiana un curioso balletto di messaggi incrociati. Infatti i giudici che indagano sull'affare dei sequestri hanno stabilito un legame non soltanto professionale fra Albert Bergamelli, il bandito che ha chiamato in causa una « grande famiglia », e il suo avvocato Gian Antonio Minghelli. Costui è figlio del generale Osvaldo Minghelli, che nella P2 ha preso il posto, che era stato dello stesso Gelli, di segretario organizzativo. Sul *Messaggero* viene raccolta una voce: si parla di un legame fra il giovane avvocato e chi altri, se non « un grosso personaggio di Arezzo »? Sull'*Unità,* organo del Partito Comunista Italiano, Gelli leggerà un altro messaggio inquietante: a proposito di un « potente personaggio aretino », che sarebbe il cervello dell'anonima sequestri. Non solo, ma sul *Messaggero* compare il suo nome, che finora era stato pubblicato soltanto una volta, un anno prima, su *Panorama.* Compare il suo nome, Licio Gelli, la sua qualifica, direttore della GioLe di Castiglion Fibocchi, e una serie di notizie tratte dalla lettera, che abbiamo citato più sopra, del senatore Corsini a Menotti Baldini.

È a questo punto che Gelli va a Pistoia. Nel suo libro Piazzesi ricostruisce la « rimpatriata ». Dapprima il venerabile bussa alla porta di Corsini, e Corsini, rifiutandosi di riceverlo, gli trasmette un consiglio: vada da Carobbi. Il quale Carobbi smentisce tranquillamente Corsini, che aveva descritto

Gelli come torturatore. « A me non risulta che si sia macchiato di delitti politici. » Conclusioni di Piazzesi: Gelli in difficoltà si fa coprire dai comunisti pistoiesi in nome dell'antica collaborazione informativa, al tempo stesso curando che di questa collaborazione non si parli troppo all'esterno. La manovra di Gelli punta anche a correggere l'immagine non proprio lusinghiera che è uscita dalla lettera di Corsini, e in ogni caso riesce a garantirgli, assieme al recente decreto di sospensione della P2, qualche anno di prosperosa quiete.

Anche se si viene a sapere che il giudice Occorsio, prima di cadere assassinato dai neonazisti di Ordine Nuovo, aveva parlato di una certa OMPAM, Organizzazione Mondiale per l'Assistenza Massonica, nel quadro delle sue indagini sull'anonima sequestri. L'OMPAM doveva godere di ingenti disponibilità finanziarie, se è vero che aveva trattato l'acquisto di un palazzo a Roma al prezzo di sei miliardi di lire. L'OMPAM, naturalmente, è roba di Gelli, il quale a suo tempo, a proposito del palazzo romano, aveva smentito l'intenzione dell'acquisto, parlando di una semplice e meno onerosa locazione.

Anni tranquilli, gli anni della massima potenza. Nel '78 il SISMI produce un rapporto, non tanto sulla P2 (cui appartiene il capo del servizio, generale Santovito) quanto sulla massoneria in generale, che sarebbe vittima di una congiura comunista. Agli inizi del '79 l'orizzonte gelliano comincia a rabbuiarsi. Sul settimanale *OP* di Mino Pecorelli compare un articolo in cui si parla di Gelli negli anni della Resistenza, con tanto di attestato Carobbi prima maniera, cioè il salvacondotto del '44. Fino a quel momento Pecorelli, giornalista molto noto a Roma per l'uso, come dire, disinvolto delle informazioni di cui dispone, che sono spesso delicatissime e trasmesse nella forma di segnali, o avvertimenti, è stato in eccellenti rapporti con Gelli. Ma ora, è chiaro, c'è qualcosa che non va. Che cosa non va? Si è forse incrinato un altro eccellente rapporto, quello che fin qui ha legato Gelli ai servizi? Si direbbe proprio di sì.

Infatti un secondo articolo su *OP*, sempre nelle prime settimane del '79, riporta un fascicolo che, ricorda Pecorelli, gli ha consegnato Antonio Viezzer, un tenente colonnello dei carabinieri che lavora al controspionaggio militare. C'è da aggiungere che i due, Pecorelli e Viezzer, sono legati dalla comune appartenenza all'istituzione di Hiram. Dunque, il fascicolo Viezzer. Pecorelli parla di « un lungo elenco di nomi che qualcuno ha tradito ». E che lui non pubblica per non tradirli « una seconda volta ». Infatti « non è nostro costume assecondare gli oscuri disegni di un Professore dalle potenti e tortuose amicizie ».

Come si vede, è il caratteristico linguaggio di chi parla a un destinatario ben definito. Le allusioni, ormai possiamo leggerle in trasparenza. Pecorelli fa sapere a Gelli che non ha in mano soltanto il documento Carobbi già pubblicato, ma un dossier consistente, compresa l'informativa del 1950 e l'elenco dei fascisti che lui, Gelli, a suo tempo aveva consegnato alla giustizia. Insomma, si direbbe che i servizi vogliano far riemergere gli aspetti più imbarazzanti della storia personale del capo piduista: il Gelli che collabora coi partigiani comunisti, il Gelli agente dell'Est, il Gelli delatore.

A marzo, nuovo articolo su *OP* dagli obliqui segnali. Vi si deplora la degradazione della massoneria italiana, una organizzazione che « per compiere i suoi disegni... si vede costretta a servirsi dei più sordidi e profani espedienti ». Il pezzo di Pecorelli si conclude con queste parole: « Due settimane fa abbiamo parlato del tenente colonnello del SID Antonio Viezzer. Ne riparleremo presto ».

Promessa non mantenuta, questa di Pecorelli. Infatti il 20 marzo del '79 il direttore di *OP* viene trovato assassinato a colpi di pistola accanto alla sua auto. Un omicidio da professionista, diranno subito gli inquirenti. E anche: col suo lavoro, Pecorelli si era fatto un sacco di nemici...

La morte del direttore di *OP* innesca un altro grande scandalo italiano, l'affare dei petroli. Infatti il giudice Sica, che indaga sull'omicidio, ha trovato nello studio di Pecorelli la documentazione di un gigantesco affare di contrabbando, che ha sottratto duemila miliardi di lire alle casse dello Stato. Vi sono coinvolti petrolieri, alti ufficiali della guardia di finanza, compreso lo stesso comandante generale Raffaele Giudice.

Lo scandalo esplode politicamente nell'autunno del 1980. È a questo punto che Giulio Andreotti viene chiamato in causa: aveva rapporti con Pecorelli, secondo le carte trovate nell'ufficio del giornalista. Gianfranco Piazzesi registra la coincidenza: il Partito Comunista comincia ad attaccare Andreotti dichiarando chiusa la fase della solidarietà nazionale, e contemporaneamente si apre per Gelli la resa dei conti.

Lui, Gelli, in quello stesso ottobre dell'80 ha intervistato se stesso sul *Corriere della Sera.* Il pezzo porta, è vero, la firma di Maurizio Costanzo: ma, come è evidente dalla struttura del colloquio, e come risulterà chiaro più tardi, questo non significa gran che. Dalle colonne del *Corriere*, di cui cerca di assicurarsi il controllo attraverso Umberto Ortolani, Roberto Calvi, Angelo Rizzoli, Bruno Tassan Din, Franco Di Bella, Gelli lancia segnali in varie direzioni.

Ma ormai si annunciano tempi duri, per il capo della P2. Il 17 marzo dell'81 l'irruzione della guardia di finanza a Castiglion Fibocchi: Gelli decide di entrare in clandestinità. Poiché il giudice Sica si trova di fronte alle fotocopie dei documenti che ha trovato fra le carte di Pecorelli, e che Pecorelli aveva minacciato di pubblicare. Dunque ha inviato a Gelli un mandato di comparizione per l'omicidio Pecorelli, e lo ha indiziato di spionaggio. Per questo stesso reato, Sica ha fatto arrestare il colonnello Viezzer.

Ormai il caso Gelli è il caso nazionale numero uno, e l'assenza prudente del protagonista non impedisce i più vari approfondimenti. Intanto c'è un nuovo rapporto SISMI. Il sequestro di Castiglion Fibocchi, vi si sostiene, fa parte di una manovra destabilizzante, e chissà che non sia stato proprio Gelli a ideare questa manovra. In questo caso, non bisogna stare al gioco, i titolari dei 953 nomi devono restare ai loro posti. Se no qui salta tutto.

La clandestinità non trattiene di certo il capo della P2 dall'intervenire pesantemente nelle faccende che lo riguardano. Per esempio dal volontario esilio riesce a ottenere il licenziamento di Gianfranco Piazzesi, direttore del quotidiano fiorentino *La Nazione*. Che cosa ha combinato Piazzesi? Ha pubblicato sul suo giornale, fra il 23 agosto e il 6 settembre, un'inchiesta in quattordici articoli, di Giulio Giustiniani, sul passato di Gelli. L'esule manda anche messaggi politici: nel luglio spedisce sua figlia, Maria Grazia, a farsi sorprendere a Fiumicino con un bizzarro documento in tasca, il cosiddetto piano di rinascita democratica. Vi si tratteggia un'Italia ordinata e anticomunista. Gelli ha il pallino neogollista della repubblica presidenziale: una relazione in questo senso, non l'aveva forse presentata, anni prima, al presidente Giovanni Leone? Anche il piano di rinascita democratica è un segnale: a quelle forze politiche che non si oppongono alla persecuzione di un uomo così bene intenzionato nell'interesse superiore del Paese. O nell'interesse di altri paesi? Le ipotesi s'intrecciano: Gelli uomo della CIA, Gelli uomo del KGB. Gelli doppiogiochista pronto a fornire informazioni a chiunque abbia da dare in cambio un'allettante contropartita.

Nel settembre '82, Licio Gelli viene arrestato a Ginevra, dove sta cercando di prelevare da certi suoi conti la bella cifra di cento milioni di dollari. Con tanto denaro a disposizione perfino le carceri svizzere diventano permeabili: Gelli corrompe un guardiano e se ne va, nell'agosto '83, dalla sua cella nella prigione ginevrina di Champ Dollon. Lo aiuta il figlio, Raffaello, e dopo un salto in elicottero a Monte Carlo si rifugia forse nell'amica e diletta America latina. Un anno più tardi, a fine agosto '84, farà sapere che è disposto a costituirsi, a far cessare la « scomoda latitanza ». Magari in cambio degli arresti domiciliari, previsti da una nuova legge per chi, in attesa di processo, abbia compiuto i sessantacinque anni.

La prima conclusione ufficiale sulla vicenda P2 è rappresentata dal rapporto dei tre saggi, il comitato che Forlani ha nominato prima di lasciare nel maggio '81 la guida del governo. Che cosa dicono i tre saggi? Rifanno la storia sommaria della P2, le sue origini, la demolizione del '74, la ricostruzione del '75, la sospensione del '76. Con la sospensione del '76 nasce, secondo i tre saggi, « una nuova e diversa formazione »: la « cosiddetta loggia P2 ». Interamente controllata da Gelli, è una formazione « postasi fuori dall'ordinamento massonico », tanto che molti massoni la definiscono un « circolo privato ». Che tuttavia è collegata con il Grande Oriente da « certe connessioni di vertice », giustificate dai dignitari massonici con il richiamo a una strategia di recupero.

Quanto alla lista dei 953, ci sono « serie incertezze » sull'attendibilità complessiva. I saggi avanzano poi l'ipotesi che molti possano avere aderito alla P2 in buona fede, credendo cioè di entrare in una comune loggia del Grande Oriente. Infatti l'iniziato riceveva una tessera firmata dal gran maestro, oltre che dal venerabile Gelli. La P2, rilevano anche i tre giuristi, non ha mai tenuto riunioni.

Che dicono i titolari dei nomi? Molti negano, altri negano

poi ammettono, altri dicono di aver fatto domanda, poi di averci ripensato e di averla ritirata. Conclusione: il vertice della cosiddetta loggia P2 è un « luogo di influenza e di potere occulto ». I tre saggi rispondono alla domanda *sì* che gli è stata posta: certo, la P2 è un'associazione segreta.

Su questa associazione segreta, un doppio fulmine si abbatte in rapida successione. Il fulmine massonico, con la decisione adottata nell'ottobre '81 dalla corte centrale del Grande Oriente d'Italia, che espelle Licio Gelli e colpisce Lino Salvini con la censura solenne. Alla corte centrale, che è il massimo organo giurisdizionale di palazzo Giustiniani, presiede in questa occasione Armando Corona, che nel marzo '82 succede a Ennio Battelli nella carica di gran maestro.

Il fulmine politico arriva con la legge numero 17 del 25 gennaio 1982, che è stata proposta dal governo diretto da Giovanni Spadolini. Sulla base delle risultanze ormai acquisite, la legge numero 17 scioglie la P2 applicando l'articolo 18 della costituzione, che fa divieto appunto di costituire in Italia associazioni segrete. È dunque la fine, per la loggia di Gelli? Dovrebbe, ma sono in molti a dubitarne.

Un'altra legge dello Stato (numero 527 del 23 settembre 1981) ha istituito la commissione parlamentare d'inchiesta sulla P2. Dovrebbe farcela in sei mesi, ma è subito chiaro che una scadenza così prossima è inadeguata alla complessità del compito. Con apposite leggi, la scadenza sarà prorogata tre volte. I quaranta commissari si riuniscono in un palazzo del centro di Roma, fra via del Seminario e piazza San Macuto. In due anni e mezzo di lavoro ascolteranno centocinquanta testimoni, consulteranno un mare di documenti. Come già i tre saggi, non ricavano gran cosa dai titolari dei 953 nomi di Castiglion Fibocchi.

Più che altro ne ricavano smentite. La maggior parte si limita ad ammettere semplici contatti con Licio Gelli, o pressioni da parte di costui, o al massimo richieste di adesione successivamente ritirate. Sono pochi, del resto, i provvedimenti nei confronti di chi figura nella lista. Il governo Spadolini ha fatto pulizia ai vertici dei servizi segreti, sostituendo gli ufficiali compromessi. Il consiglio superiore della magistratura ha esaminato una per una le posizioni dei giudici presenti nella lista, individuando responsabilità differenziate. Infatti due magistrati vengono radiati, altri due censurati e trasferiti, quattro semplicemente censurati, altri quattro prosciolti. Mario Marsili, genero di Gelli, viene soltanto ammonito, mentre un altro giudice si vede infliggere una lieve sanzione amministrativa.

L'esempio dell'organo di autogoverno dei magistrati non viene seguito da altri ordini professionali. Con la sola parziale eccezione dell'ordine dei giornalisti. Parziale, perché a esaminare le posizioni dei propri iscritti coinvolti nello scandalo è soltanto l'ordine regionale della Lombardia. Risultato: una serie di censure e analoghi provvedimenti colpisce i giornalisti lombardi che figurano nelle liste, fra i quali è Franco Di Bella, ex direttore del *Corriere della Sera*.

Fra i politici emerge, come si è visto, la posizione di Pietro Longo, segretario del Partito Socialista Democratico, che nonostante la presenza del suo nome nell'elenco di Castiglion Fibocchi diventa ministro del Bilancio nel governo Craxi. Fra i grandi burocrati, Francesco Malfatti di Montetretto, direttore generale al ministero degli Esteri, Michele Principe, presidente della STET, Giampaolo Cresci, amministratore delegato della SACIS, Giampiero Orsello, vicepresidente della RAI, restano ai loro posti.

Soltanto pochissimi ammettono pubblicamente la consapevole appartenenza alla P2. Come Claudio Villa, cantante di stagionato successo che avverte: « Servivo molto di più io a Gelli che non Gelli a me: amava infatti esibirmi ai suoi operai ». O Fabrizio Cicchitto, un giovane deputato socialista che spiega: « Mi avevano detto che era il modo più spiccio per farsi avanti... » O Maurizio Costanzo, giornalista e presentatore televisivo (è stato lui a firmare, nell'ottobre '80, l'autointervista di Gelli sul *Corriere della Sera*), che sulle prime ha sdegnosamente negato, io nella P2?, ma siamo matti?, per poi ripiegare su un'autocritica ammissione: « Be', è vero, mi sono lasciato abbindolare... »

Emergono particolari interessanti sulla « stagione dell'Excelsior », come viene chiamata la fase della loggia P2 successiva al '76, quando in seguito alla sospensione non ha più una sede, e così Gelli riceve nel suo appartamento dell'albergo romano di via Veneto. Indro Montanelli, per esempio, racconta che un giorno, ansioso di conoscere questo Gelli di cui si diceva che avesse una parte di rilievo nelle trattative per la vendita del *Corriere della Sera*, e avendo saputo che Gelli stesso desiderava conoscere lui, si fece annunciare all'Excelsior. Ma la visita durò poco. « Mi trovai alle prese con un uomo di un'insolenza incredibile. Diceva che bisognava sottoporre a controllo la stampa italiana. Gli obiettai che non tutta la stampa italiana era in vendita, e non tutti i giornalisti. Lui disse che era soltanto questione di prezzo. A quel punto mi alzai e me ne andai. »

Altri raccontano che Gelli, dopo avere ricevuto grossi personaggi che, a differenza di Montanelli, lo stavano ad ascoltare reverenti e poi magari chiedevano di essere iniziati o comunque cedevano alle sue sollecitazioni, se ne andava in trattoria con gli amici toscani e rideva a crepapelle sui « bischeri » che aveva appena accalappiato.

Chi voleva entrare a far parte della loggia veniva invitato a riempire un modulo. Il tono di questo formulario esaltava fino a forme caricaturali il principio della solidarietà massonica. Ecco alcune caselle del modulo gelliano: « eventuali ingiustizie subite nel corso della carriera »; « danno conseguente »; « persone, istituzioni od ambienti a cui si ritiene possano essere attribuiti ». Un modo piuttosto grossolano, come si vede, di sollecitare quei complessi di persecuzione che turbano in modo caratteristico molte carriere professionali. Come osserva col suo plumbeo linguaggio la relazione Anselmi, « soccorre qui naturale il richiamo alle organizzazioni mafiose ».

I lavori della commissione P2 si concludono dunque nell'estate del 1984, quando la relazione finale, corredata da ponderosi volumi di documenti e verbali, viene presentata al parlamento. Ci sono anche relazioni di minoranza: presentate da quei gruppi politici, il radicale, il socialdemocratico, il liberale e il missino, che non hanno approvato il rapporto Anselmi. Nel dibattito parlamentare, poi, che sviluppa e amplifica i temi affrontati dai commissari, si confrontano ancora una volta le varie interpretazioni del caso Gelli. Dagli stessi gruppi che hanno confortato la relazione finale con una schiacciante maggioranza (democristiani, comunisti, socialisti, repubblicani) emergono com'è ovvio, data la fluidità estrema della materia, interpretazioni diverse o diversamente sfumate. Qual è insomma la verità parlamentare sui tenebrosi misteri della P2?

Prima di rispondere, conviene ricordare come fino all'ultimo Licio Gelli abbia cercato d'influire sulla vicenda. Fra il maggio e il giugno dell'84, quando ormai i quaranta commissari discutevano sulla relazione preliminare, in vista di arrivare al documento finale e al voto, dal suo misterioso esilio volontario Gelli ha mandato in due fasi nuovo materiale documentario. Una mossa abile e insieme grossolana, certo tardiva ma forse destinata semplicemente a gettare scompiglio. Col suo memoriale a due stadi Gelli tenta un duplice aggancio. Dapprima con la massoneria nei cui confronti vanta la più assoluta regolarità.

Anche dopo che nel '76 è stata accolta la domanda di sospensione dei lavori, questa la linea autodifensiva di Gelli, la P2 ha intrattenuto rapporti con il Grande Oriente all'insegna della più formale continuità. Vedremo come questa linea sia vigorosamente contrastata da Spartaco Mennini, gran segretario a palazzo Giustiniani proprio negli anni successivi al 1976. Inoltre Gelli insiste sul fatto che le liste sequestrate a Castiglion Fibocchi non sono che un indirizzario, e fa sapere che le liste vere le ha il gran maestro. Il gran maestro replica con una lettera aperta: Gelli mente, afferma Armando Corona, io dal mio predecessore non ho ricevuto nessuna lista.

L'altro stadio del missile Gelli rappresenta il tentativo di agganciare i partiti, ai quali rinfaccia sostanziose benemerenze. Questa parte del memoriale Gelli è stata inviata alla commissione alla vigilia del voto europeo del 17 giugno: ciò che non ha mancato di far nascere un sospetto. Il sospetto che Gelli avesse una finalità sussidiaria, quella di mettere in imbarazzo la Democrazia Cristiana, il partito di Tina Anselmi, e il Partito Repubblicano di Giovanni Spadolini, l'uomo che come presidente del consiglio ha fatto sciogliere la P2; DC e PRI sono infatti particolarmente presi di mira, come presunti beneficiari di Gelli.

Finalità sussidiaria, questa di creare difficoltà ai partiti alla vigilia di un'importante votazione. Perché la finalità principale del memoriale è certamente un'altra. Gelli vuole esser lui a determinare i modi e se possibile i tempi del grande processo parlamentare che appassiona l'Italia. E infatti c'è in commissione chi chiede una proroga, spiegando che ci sono nuovi documenti da studiarsi con cura. Ma si decide a maggioranza che i nuovi documenti in realtà non modificano il quadro complessivo che la commissione ormai ha potuto tracciare: non ci sarà nessuna proroga, si andrà avanti con il calendario già fissato.

Arriva anche, a luglio, un terzo incartamento di Gelli. Non un vero e proprio memoriale, stavolta, semplicemente una postilla ai due stadi lanciati precedentemente, e una risposta alle reazioni che essi hanno provocato. Gelli se la prende con la commissione, perché non ha tenuto la sua documentazione nel debito conto. Ricorda, allegando documenti, che è stato più volte minacciato di morte. Definisce false certe smentite che hanno accompagnato la pubblicazione dei suoi memoriali: riguardano la sua appartenenza al Partito Monarchico, e il fatto che avrebbe finanziato, tramite la Lega dei Diritti dell'Uomo, esponenti del Partito Repubblicano.

Ma ormai è tardi, e se Gelli contava d'influire ancora sui lavori della commissione non ha saputo calcolare i tempi. I lavori della commissione, infatti, sono finiti. Col voto del 10 luglio, e con la consegna della relazione Anselmi e delle relazioni di minoranza ai presidenti delle due camere.

Quali sono dunque le conclusioni votate dai sette ottavi della commissione parlamentare d'inchiesta? Prima di tutto, un fatale margine di dubbio: « In materia di così difficile trattazione e di fronte a un personaggio di così sfuggente profilo ogni ipotesi è in astratto formulabile e nessuna conclusione può palesemente dichiararsi assurda ». Tuttavia, la commissione registra alcuni punti fermi. Eccoli, in rapida sintesi.

La loggia di Gelli esce dalla massoneria di palazzo Giustiniani, il cui vertice è complice, la base vittima inconsapevole del grande intrigo. La sua composizione è eterogenea in modo caratteristico: non soltanto perché Gelli cerca di penetrare in tutti gli ambienti che contano, e a tutti i livelli, ma anche perché non esita a cooptare insieme uomini divisi da accese rivalità. Per esempio Miceli e Maletti nel campo dei servizi segreti, Mazzanti e Di Donna nell'ambito del grande notabilato parastatale. Dunque la loggia funziona come stanza di compensazione, in cui Gelli si assicura un ruolo prezioso, congeniale, e pagante: il ruolo di grande mediatore.

La P2 ha infatti una finalità immediata, chiara a tutti gli aderenti, che è un sistema di protezioni incrociate a fini di carriera nelle amministrazioni pubbliche, in politica, in editoria, negli affari economici e finanziari. Insomma la prassi della solidarietà massonica deformata, nel senso dell'esclusività e della disinvoltura quanto ai mezzi, fino ad assumere caratteri mafiosi.

Ma al di sopra di questo c'è qualcosa di ben più preoccupante: c'è una finalità ultima, il « condizionamento politico del sistema ». Non tutti gli affiliati ne erano a conoscenza, anzi « la media degli affiliati ne era sostanzialmente non avvertita, per lo meno quanto alla sua concreta effettiva natura di pericolo grave per la società civile »: dunque a questo proposito la buona fede di molti di loro può essere considerata attendibile.

Ma che vuol dire, in pratica, condizionamento politico del sistema? « Gelli compare sulla scena », si legge nel rapporto Anselmi, « proprio quando Gigliotti cessa la sua attività. » Si implica, dunque, che Gelli imposta l'operazione P2 sotto l'egida americana, lui che a suo tempo collaborò con i servizi d'informazione dell'esercito USA. Si parla di Gelli che favorisce la scissione del Movimento Sociale Italiano, che diede vita alla Destra Nazionale, di Gelli che tenta di favorire, dividendo stavolta la Democrazia Cristiana, la nascita di un secondo partito cattolico.

Nella relazione si distinguono due fasi. Fino alla metà degli anni '70, la P2 ancora sconosciuta ai più lavora sotterraneamente, preda di una forte tentazione eversiva. Attraverso i servizi segreti che controlla (o dai quali è controllata: questa alternativa, che riassume poi il gioco delle due piramidi, è spesso richiamata nella relazione), la P2 alimenta l'eversione neofascista. Ancora nel '73 Gelli sogna un governo militare cui presiederà il magistrato Carmelo Spagnuolo. E di questo si parla, in una riunione ad Arezzo, in una ristretta cerchia di militari di alto rango allettati dalla prospettiva.

Ma dopo il '75 la strategia di Gelli (o dei misteriosi abitatori della piramide superiore) muta completamente. È arrivato il momento della « loggia in doppiopetto degli Ortolani e dei Calvi ». Non più di sconvolgere il sistema si tratta, ma di occuparlo, di penetrarlo. Servono ora più ancora che i militari, essenziali nella prima fase, gli uomini dell'alta finanza in grado di garantire le risorse necessarie, gli uomini dell'editoria attraverso i quali si può non solo condizionare l'opinione pubblica, ma anche disporre di un luogo privilegiato per i rapporti col mondo politico. E naturalmente, oggi come ieri, resta essenziale il controllo dei servizi.

Sentiamo le parole della relazione su questo punto chiave: « Non è difficile definire adesso la Loggia P2 come una associazione che non si pone il fine politico di pervenire al governo del sistema, bensì quello di esercitarne il controllo. La ragione politica ed il movente ispiratore della Loggia P2 vanno individuati alla stregua di questo criterio. Non nella conquista politicamente motivata delle sedi istituzionali, dalle quali si esercita il governo della vita nazionale, ma nel controllo anonimo e surrettizio di tali sedi, attraverso l'inserimento in alcuni dei processi fondamentali dai quali l'azione di governo nasce ed attraverso i quali concretamente si dispiega ». E più avanti: « Gelli è quasi indifferente alla forma politica. Solo vuole uomini 'suoi' nei punti chiave dello stato ».

Uomini « suoi »: come i 953 delle liste sequestrate nell'81? Sul problema delle liste, dopo la tempesta sollevata all'apparire della relazione preliminare, le conclusioni della commissione sono dettagliate. Le liste sono autentiche, perché riconosciute come espressione della P2, e sono attendibili, perché una serie di riscontri ha permesso di verificare l'effettiva appartenenza alla loggia della maggior parte delle persone elencate. Quali riscontri? Ricevute, firme su assegni o moduli di iscrizione, presenza contemporanea in altri elenchi come quello, parziale ma significativo, che la commissione è riuscita a farsi mandare da Montevideo, Uruguay.

Due conseguenze logiche, apparentemente contraddittorie ma entrambe attendibili. Il fatto che per la maggior parte dei nomi sia stata possibile una simile verifica porta a ritenere, per induzione, una complessiva attendibilità degli elenchi. Al tempo stesso, non si può escludere che qualche nome sia finito negli elenchi per « la sfortunata coincidenza di un accumularsi di indizi fuorvianti ». Infine, le liste sono « approssimate per difetto »: alla commissione risulta che ci sono piduisti certi non registrati a Castiglion Fibocchi. Oltre ai mille della lista, dirà l'Anselmi in un'intervista al settimanale tedesco *Der Spiegel*, ce ne sono altri millecinquecento « nascosti nell'amministrazione statale ».

Sui rapporti con la massoneria (« complice e vittima » di Gelli, secondo l'Anselmi) vedremo più avanti. Un capitolo importante della relazione riguarda i servizi segreti. « I servizi segreti cominciano a interessarsi a Gelli nel '45. » Si ricorda la collaborazione con gli americani, la nota del SIFAR in cui si dice, è il gennaio del '50, che Gelli è legato da sei anni al Partito Comunista, e opera almeno da tre come agente del Cominform.

Poi si ricordano le relazioni preparate a Firenze e rifiutate da Roma nel '72-74, i rapporti che Emilio Santillo, capo dell'ispettorato contro il terrorismo, redasse su Gelli fra il '74 e il '76. Relazioni che confermano le doti dell'investigatore, ma non valgono a Santillo l'attesa nomina al vertice del SISDE: gli viene infatti preferito il piduista Grassini. Si registrano le difficoltà in cui sistematicamente viene a trovarsi chiunque intraprenda un'indagine sul diabolico materassaio di Arezzo. « Quando un ufficio periferico decide di indagare su di lui, un ufficio centrale protesta vibratamente. » C'è insomma un « cordone sanitario informativo dei Servizi a tutela del Gelli ». È chiaro: dal '50 in avanti Gelli è lui stesso agente dei servizi. E proprio la nota del '50 è lo strumento che permette ai servizi di condizionare Gelli: per via della minaccia implicita, poi diventata esplicita sulle colonne di *OP*, di rivelare quel passato imbarazzante. Insomma: sono i servizi segreti, che prendono ordini dai misteriosi inquilini della piramide superiore, a controllare Gelli e a servirsi di lui, controllo e uso perfettamente reciproci.

Quando nella primavera del 1978 le Brigate Rosse rapiscono Aldo Moro, il comitato di coordinamento tra le forze dell'ordine, che si riunisce al ministero dell'Interno sotto la direzione del ministro Francesco Cossiga per gestire l'emergenza, è composto da una maggioranza di piduisti. Sono infatti presenti i generali Raffaele Giudice, Giuseppe Santovito, Giulio Grassini, Donato Lo Prete, l'ammiraglio Giovanni Torrisi. E lo stesso Gelli partecipa attivamente, secondo una testimonianza non smentita, a quella controversa gestione. Per cui nel rapporto Anselmi ci si chiede: la ben nota inadeguatezza degli apparati informativi durante l'emergenza Moro ha cause soltanto tecniche, o è invece da « riportare ad altro ordine di considerazioni »? Dubbio gravissimo, atroce, in questa sede ufficiale: uno dei tanti dubbi, del resto, fioriti attorno al corpo senza vita del presidente democristiano.

Dunque: Gelli agente per i servizi dell'Est, protetto e

protettore dei servizi italiani, programmatore della soluzione golpista prima, poi della « rinascita democratica » alla sua maniera. Tutto questo in tempi e modi diversi. Ma per conto di chi? Di se stesso? No, della piramide superiore, risponde la commissione.

Disgraziatamente questa benedetta piramide superiore resta un guscio vuoto. E le relazioni di minoranza non mancano di sottolineare questa lacuna del rapporto Anselmi. Per esempio il commissario radicale Massimo Teodori non esita ad accusare: « La Anselmi ha occultato la verità ed è per questo l'ultima patrona della P2 ». Secondo i radicali la loggia di Gelli fu elemento strutturale del sistema partitocratico, e ha operato sotto la costante protezione di Giulio Andreotti. Quanto alle polemiche su Pietro Longo, per i radicali non sono che un diversivo: non risulta nemmeno che il segretario socialdemocratico sia effettivamente iscritto alla P2.

Anche il commissario liberale Attilio Bastianini critica per reticenza la relazione Anselmi. Perché tacere il fatto, argomentano i liberali, che tutte le nomine dei piduisti ai vertici dei servizi segreti furono fatte quando Andreotti era presidente del consiglio? O il fatto che basta sfogliare l'indice dei *Diari* della solidarietà nazionale, di Andreotti appunto, per « ricostruire il gotha della P2 »?

Altra posizione dissenziente, ancora una volta, come nel caso liberale, interna alla maggioranza a cinque che sorregge il governo Craxi, quella socialdemocratica. Il commissario Alessandro Ghinami contesta la tesi della P2 come « grande congiura politica »: Gelli, dice, è soltanto « un losco figuro che non mira ad altro che al guadagno ». Dunque Gelli semplice strumento, e la relazione ha mancato d'individuare chi manovrava quello strumento, limitandosi alla generica menzione dei Servizi, altro strumento evidentemente manovrato da qualcuno. Si è sorvolato per esempio sui rapporti che il capo della P2 ebbe con « molti e più autorevoli rappresentanti del mondo politico italiano ». Quanto al commissario del Movimento Sociale, Giorgio Pisanò, anche lui punta il dito su Giulio Andreotti, « cervello politico della P2 », di cui la relazione di maggioranza « ha evitato di approfondire il ruolo ».

Queste le argomentazioni che, con toni fortemente polemici, si contrappongono nelle aule parlamentari. Così come si contrappongono due visioni del da farsi. C'è chi, come i comunisti, insiste perché tutti i piduisti che occupano cariche pubbliche vengano allontanati. E chi, come i democristiani, obietta che allontanamenti, o rimozioni d'autorità, non possono che essere eventualmente provvedimenti individuali, adottati caso per caso dopo che siano emerse effettive responsabilità personali. Insomma: si sostiene la tesi che la commissione d'inchiesta ha dato un giudizio politico d'insieme, privo di riflessi immediati personali. Ma la commissione ha accumulato materiale nuovo, e importante: tocca dunque alla magistratura utilizzarlo al meglio, scendere dal generale al particolare, dal politico al penale.

La verità della commissione Anselmi è dunque una verità parziale, cui sfuggono sia le responsabilità dei singoli, sia soprattutto i ruoli eminentemente politici di coloro che animavano la piramide superiore. Verità parziale, e amara, fatta di aspetti disparati, e a volte contraddittori. Una vicenda che si vorrebbe dimenticare, ma non è detto che sia finita. Nel rapporto Anselmi si dice che il sistema Gelli potrebbe anche essersi assicurata la successione, ammesso che Gelli si possa considerare definitivamente uscito di scena. Il successore, la relazione lo ipotizza due volte, potrebbe essere un'altra complessa figura di mediatore internazionale, Francesco Pazienza. Costui, recita il rapporto, « sembra porsi in un rapporto di successione dialettica con il Gelli comparendo in Italia all'incirca nel periodo nel quale... il sistema gelliano mostra i primi segni d'incrinamento ».

Certo il Paese ha seguito la vicenda P2 con fastidio, prima ancora che con preoccupazione. Questo svelare e non svelare, questa piramide superiore che resta ostinatamente vuota. E poi il desiderio di pulizia, ma anche il desiderio di non cedere alla tentazione liberatoria, ma semplificatrice, della caccia alle streghe. Si vorrebbe che i signori piduisti si togliessero di torno, almeno lasciassero i posti di responsabilità pubblica, con un gesto di stile prima ancora che di espiazione.

Eppure, come afferma il deputato Stefano Rodotà (*La resistibile ascesa della P2*) non bisognerebbe « cedere alla tentazione di considerare la P2 come l'unico grande demone della vita politica italiana di questi anni, imputando ad essa ogni nefandezza avvenuta dentro e fuori l'organizzazione pubblica, secondo la vecchia tecnica che vuole attribuito al latitante imprendibile ogni delitto avvenuto nella sua ipotetica sfera d'azione ».

La ricerca della verità, così oggettivamente difficile ma così obbligata, ormai, deve dunque proseguire su due piani. Prima di tutto c'è da completarsi la lezione generale, la sintesi politica, individuando i depositari delle « finalità ultime »: gli abitatori della piramide superiore. Poi ci sono da accertare le singole verità. L'inchiesta della magistratura, coordinata dal giudice Ernesto Cudillo, è culminata nel marzo '83 in una sentenza istruttoria molto riduttiva. Per questo è stata impugnata, e si attendono le decisioni della corte d'appello di Roma. Mentre nel frattempo, come si diceva, la commissione parlamentare ha messo insieme un bel po' di quel materiale la cui mancata disponibilità, a suo tempo, forse può contribuire a spiegare il tenore assai blando della sentenza Cudillo.

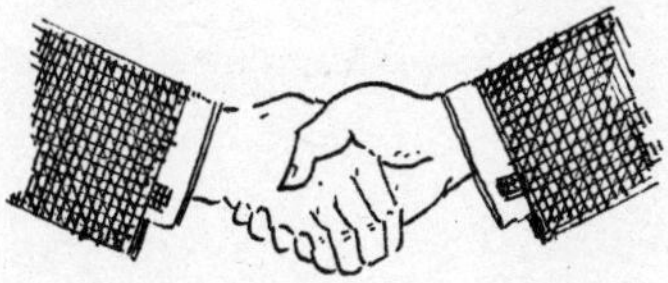

10. *Secondo il Fratello*

« E PERCHÉ mai io, Licio Gelli, avrei dovuto progettare un colpo di stato? Perché mai avrei dovuto modificare traumaticamente una situazione così propizia agli affari miei? » Il Fratello attribuisce questa confidenza del capo piduista a una fonte molto attendibile. E commenta: « Dobbiamo riconoscere che l'argomento tiene. Non si può contemporaneamente accusare il Gelli di parassitismo e di destabilizzazione. Se queste istituzioni gli andavano bene, consentendo i suoi giochi speculativi, non si capisce davvero perché avrebbe dovuto abbatterle ». Infatti non voleva abbatterle, lo dice la stessa relazione Anselmi. Ha accarezzato il progetto golpista nei primi anni '70, ma poi ha preferito adagiarsi confortevolmente nelle pieghe di istituzioni così compiacenti, in fondo, da lasciarlo tranquillo fino al 1981.

Come tutti i massoni, il Fratello è portatore di una immagine riduttiva del Gelli e della sua loggia. « Un magliaro, sia pure ai livelli più alti: un grande mediatore internazionale. Come tutti i mediatori, titolare e accorto gestore di informazioni riservate. Ci ha fatto i miliardi, con le mediazioni e le informazioni. No, assolutamente incapace di uccidere. Un uomo di non particolare intelligenza: furbo, piuttosto, di una scaltra furbizia contadina. E poi dotato di una memoria strabiliante. Certo, queste caratteristiche personali, e una sfrenata ambizione, e l'avidità di denaro, possono aver favorito il fenomeno. Ma il fenomeno lo ha favorito soprattutto la debolezza dei vertici massonici, che gli hanno in pratica consegnato la P2, e lo ha poi ingigantito l'effetto moltiplicatore d'immagine che dobbiamo attribuire al segreto, alle mezze voci, al mistero che per anni ha accompagnato quella figura in ascesa. »

Se è vero che il Fratello non ama affatto la figura di Licio Gelli (« figura in ascesa, ma non esattamente l'ascesa massonica verso la luce... »), è anche vero che ama ancor meno la relazione Anselmi. Non tanto per quello che dice o per quello che non dice, quanto per il modo « incredibilmente grossolano » con cui si affaccia sul mondo di Hiram. « C'è una perla straordinaria: là dove si dice che o i massoni s'ispirano davvero al trinomio libertà uguaglianza fraternità, e allora perché mai ricorrono alla riservatezza, o la loro ragion d'essere è inconfessabile, e allora la riservatezza si spiega. Si è mai sentita analisi più rozza? Che ne direbbe l'Anselmi, la cattolica Anselmi, di applicarla a un ordine religioso? Non ha che l'imbarazzo della scelta. I gesuiti, per esempio: società segreta dai fini inconfessabili? »

La rivolta del Fratello contro lo spirito, più ancora che la lettera, del rapporto Anselmi si manifesta nella contestazione dell'ottica con cui il mondo politico ha considerato il caso P2. « Loro dicono che la massoneria è insieme complice e vittima di Gelli. Io dico che i partiti sono certamente complici e forse vittime di Gelli. A un certo punto le vittime hanno deciso di reagire, i complici di scaricarlo. Era diventato impresentabile. E poi, diciamo la verità, li aveva presi in giro tutti, facendo credere chissà che. Così ora i partiti complici e vittime gli elevano sotto un piedistallo, lo ingigantiscono, trasformano il magliaro nell'anima nera della repubblica, per poi dire agli elettori: vedete che razza di nemico siamo stati capaci di abbattere... »

In una sola cosa l'Anselmi ha ragione, concede il Fratello: ha ragione quando definisce Gelli « massone del tutto atipico ». Proprio così: « Gelli è uno che della massoneria si è servito, punto e basta. Il resto sono balle. Uno che si è servito della massoneria, approfittando del fatto che al vertice della massoneria ha trovato gente debole, o impaurita, o ricattabile ».

La debolezza dei vertici massonici è il problema che più sta a cuore al Fratello. « Intendiamoci, come cittadino trovo ancor più grave la debolezza dello Stato, delle istituzioni. Noi almeno ci siamo mossi per tempo, come massoneria, contro Gelli. Ma certo ce n'è voluta, prima che la corte centrale del Grande Oriente si decidesse a chiudere come si conviene la partita P2. E ancora dopo, quante esitazioni, quante paure! » Per esempio il Fratello cita, indignato, la lettera che Armando Corona, gran maestro di palazzo Giustiniani, ha mandato alla commissione P2 il 1° giugno '84. Perché indignato? « Perché Corona copre se stesso ma non la massoneria. »

La lettera del gran maestro seguiva di qualche giorno la pubblicazione del primo memoriale inviato da Gelli alla commissione. In quel primo memoriale, il capo della P2 cercava di dimostrare la regolare filiazione della sua loggia dal

Grande Oriente, affermando che la lista dei fratelli alle sue dipendenze non corrispondeva affatto all'elenco di Castiglion Fibocchi, ma della vera lista il gran maestro era a conoscenza.

« A seguito della pubblicazione del memoriale di Licio Gelli mi corre l'obbligo », scrive Corona, « di effettuare alcune precisazioni, che dimostrano come il tentativo di coinvolgere la massoneria d'Italia con il circolo privato di Gelli costituisce una puerile e grossolana falsità. » Come si vede, la regolarità massonica della P2, che proprio la corte centrale cui presiedeva Corona aveva a suo tempo privato del disinvolto venerabile, viene implicitamente negata nella formula « circolo privato ». Una formula che ha il potere d'irritare Gelli più di qualsiasi altra cosa.

« Come lei ricorderà », scrive ancora il gran maestro rivolgendosi a Tina Anselmi, « nella mia audizione dell'8 giugno 1982 spiegai chiaramente che il precedente Gran Maestro non mi trasmise alcun elenco riservato né, tantomeno, mi informò della posizione della P2 nella massoneria avendo io conoscenza solo del famoso originario elenco dei circa 50 fratelli. È addirittura ridicola l'accusa di aver tramato a favore di appartenenti al circolo di Gelli nel 1981. »

L'indignazione del Fratello sta proprio nel fatto che la difesa di Corona non è che autodifesa. Infatti il gran maestro si limita ad assicurare di non avere ricevuto le liste dal suo predecessore. In ciò rispondendo a una frase di Gelli che del resto non scendeva nei dettagli: « Meraviglia ancora », scrive infatti il capo della P2 nella prima parte del suo memoriale a due stadi inviato alla commissione, « che ad oggi questi elenchi [le liste sequestrate a Castiglion Fibocchi, *N.d.A*] si considerino i veri piè di lista della Loggia mentre, come qualunque massone sa, gli autentici piè di lista vengono inviati al Gran Maestro e, nel caso particolare della Loggia P2, a lui vennero rimessi e da lui personalmente custoditi... »

Nei documenti inviati da Gelli alla commissione P2 è contenuta, per così dire, l'interpretazione autentica della storia della loggia. Autentica, si badi, nel senso strettamente originario dell'espressione, cioè di interpretazione propria del protagonista. L'impostazione è evidentemente autodifensiva, sia nei confronti della legittimità massonica, sia della regolarità secondo l'ordinamento giuridico generale.

La prosa di Gelli rivela qualche difficoltà psicologica, oltre alle ben note difficoltà stilistiche. Per esempio quando si sforza di dimostrare la perfetta legalità massonica della loggia, il venerabile non sa conservare una opportuna serenità. Parla così di « buffonesche tavole di accusa », di « malevola assurdità di definire la P2 un 'circolo privato', nonostante che gli iscritti fossero in possesso di una tessera, approvata dal Gran Magistero, munita del sigillo del Grande Oriente d'Italia, e firmata dal Gran Maestro ».

Questa tessera, che porta effettivamente il sigillo e la firma vantati da Gelli, oltre alla firma del venerabile, è uno degli elementi più singolari della vicenda P2. Nonostante l'apparenza, si tratta di documenti assolutamente irregolari. Qualsiasi tessera massonica infatti non reca la firma del gran maestro, ma quella del gran segretario della giunta, che è l'organo di esecuzione amministrativa del Grande Oriente. Inoltre le tessere P2 sono corredate di fotografia del titolare, mentre il normale documento massonico di riconoscimento è privo di fotografia. Conclusione ovvia del Fratello: « Quelle tessere furono fatte apposta per la loggia P2 ».

Ma torniamo alla ricostruzione della P2 tracciata da Gelli nel suo memoriale alla commissione. Cercherò di riassumerla. Si parte dal 1966, quando l'apprendista Licio Gelli viene condotto dall'avvocato Bruzio Pirongelli, venerabile della loggia Romagnosi alla quale appartiene, nello studio dell'avvocato Roberto Ascarelli, gran maestro aggiunto di palazzo Giustiniani, che lo eleva al grado di maestro.

È lo stesso Ascarelli, delegato al governo della loggia P2, che chiede a Gelli di occuparsi del proselitismo e della solidarietà: cioè la ricerca di nuovi autorevoli fratelli e l'assistenza agli affiliati nelle loro pratiche e nelle loro istanze. È lo stesso Ascarelli a mettere in guardia Gelli: attenzione, c'è gente che ti vuol male, guardati per esempio da Francesco Siniscalchi. Costui, spiega Gelli, è un massone che ce l'aveva con me perché mi ero rifiutato di costituire con lui una nuova loggia in cui riversare la crema della P2.

Nel '68, racconta Gelli, divento garante di amicizia della gran loggia d'Argentina. Nel '70 vengo delegato, al posto di Ascarelli, al governo della P2. Nel frattempo « insinuazioni sempre più pesanti » vengono fatte circolare contro la P2, e anche contro la loggia Hod, da qualcuno considerata una specie di anticamera della P2, guidata dal venerabile Virgilio Gaito, presso la quale si tengono le riunioni di rito. Licio Gelli ricorda che fra i poteri ricevuti nel '70 c'è anche quello d'iniziare i proseliti: ma ho sempre preferito che fossero altri a farlo, o un gran maestro aggiunto, o un dignitario del Grande Oriente, come l'ex gran maestro Giordano Gamberini. Nel '71 Gelli fa un altro passo avanti, diventa segretario organizzativo della loggia P2, di cui venerabile è tuttora il gran maestro in persona, Lino Salvini, da pochi mesi succeduto a Gamberini.

È a questo punto che la P2 si affolla, perché Salvini, ricorda Gelli, vi trasferisce d'autorità tutti i fratelli coperti, i cosiddetti massoni all'orecchio del gran maestro, insomma tutti coloro la cui affiliazione massonica deve restare riservata. « Sono costretto a dare pubblicazione di queste lettere », scrive Gelli riferendosi ai documenti con cui Salvini fa confluire nella P2 gruppi di fratelli coperti, « pur se in essa sono citati alcuni nomi perché deve essere di pubblica ragione, una volta per tutte, che la P2 era una Loggia all'obbedienza del Grande Oriente d'Italia e non una ramificazione deviazionistica o, com'è stato detto, un 'circolo privato'. »

Siamo dunque nella prima metà degli anni '70; la P2, che prima aveva la sua sede in via Clitumno, a Roma, si trasferisce in via Cosenza. Licio Gelli segretario organizzativo si avvale della collaborazione di due generali, Siro Rosseti e Luigi De Santis, e cerca ora, secondo la sua ricostruzione di tredici anni più tardi, di « limitare l'afflusso incontrollato nella P2 ». Infatti i fratelli riservati affluiscono in sempre maggior numero, soltanto parzialmente compensati da fratelli per i quali sono venute meno le ragioni della riservatezza, e quindi sono tornati nelle logge ordinarie. C'è anche il fenomeno della « doppia appartenenza », P2 e loggia ordinaria, che provoca secondo Gelli non poche gelosie e malumori.

Nel settembre del '74, ricorda, la P2 contava circa settecentocinquanta fratelli. La mia loggia, dice, sosteneva « la quasi totalità dell'opera di solidarietà ». Inoltre manteneva contatti internazionali: « È di particolare importanza il fatto che io abbia contribuito, per buona parte, al riconoscimento del Grande Oriente d'Italia della Gran Loggia unita d'Inghilterra ». Anche se il merito principale, riconosce Gelli, è senz'altro di Gamberini.

Il '74 è l'anno della gran loggia di Napoli che demolisce la P2: sviluppo che Gelli attribuisce a un Salvini mal consigliato da « un gruppo interno di esclusi dalla P2 ». Il gran maestro, d'altra parte, non tarda ad accorgersi che la sua mossa è stata precipitosa, e cerca di correre ai ripari con un'adeguata riorganizzazione della loggia. Intanto il gruppo dei contestatori interni premeva, e « iniziò ad alimentare le redazioni dei giornali con notizie tendenziose ». Siamo ormai a metà '75: rinasce la P2, Licio Gelli ne è il venerabile, il gran maestro incaricherà un suo delegato dell'ispezione.

Il neonominato venerabile scopre a questo punto che nella sua loggia ci sono degli infiltrati: decide così di restituire al Grande Oriente sia costoro, sia tutti coloro che secondo la prassi della doppia appartenenza fanno parte anche di una loggia ordinaria. Gelli chiama questa operazione, che ricorda assai contrastata, « depurazione del piè di lista della P2 ». Comunque anche la depurazione va avanti, nonostante il lavorio sotterraneo delle « talpe » che ostacolano la P2 e il suo venerabile all'interno del Grande Oriente. Gelli ricorda come, nel '76, chiese al gran maestro « di poter sospendere i lavori di Loggia fino alla fine di ottobre ». La risposta è l'autorizzazione a sospendere i lavori « a tempo indeterminato ». A questo punto Gelli sembra preoccuparsi di smentire che, da quel momento in avanti, la vita della P2 sia stata, per così dire, puramente vegetativa dal punto di vista della regolarità massonica: « i lavori, comunque, furono ripresi nel novembre 1976 anche se le pressioni della Stampa non si erano affatto affievolite... » Le pressioni della stampa, alimentate secondo Gelli dal gruppo delle « talpe », erano la ragione per cui il venerabile aveva chiesto di essere autorizzato a sospendere i lavori.

Le talpe, le tavole di accusa, la condanna di Gelli da parte della corte centrale del Grande Oriente nel dicembre del '76: censura e interdizione per tre anni dalle cariche massoniche. Gelli rivela a questo punto che soltanto nel luglio successivo, sette mesi più tardi, la sentenza gli sarà notificata. Bisogna però notare che dopo ogni procedimento massonico gli atti e la sentenza vengono depositati alla segreteria del Grande Oriente, a disposizione sia dei diretti interessati, sia di qualunque maestro voglia documentarsi su quel processo. Dunque Gelli non aveva bisogno di nessuna notifica per sapere com'era andata: e se nel memoriale parla di ritardata notifica lo fa, evidentemente, per rivendicare ancora una volta la regolarità della loggia in quel periodo. Infatti non sapeva di essere stato interdetto, dunque continuava a dirigere come venerabile la sua loggia... In ogni caso, ancora prima della comunicazione ufficiale il gran maestro lo ha rassicurato: la sentenza sarà riesaminata. Di fatto, nel settembre del '77, la sentenza del dicembre precedente viene annullata. È insomma la grazia magistrale.

Ecco come Gelli rievoca la gestione del passaggio delle consegne, avvenuto nel '78, fra i gran maestri Salvini e Battelli. « Alla fine del 1978, venuta a cessare per decorrenza del mandato la Gran Maestranza Salvini, fu eletto Gran Maestro il Gen. Ennio Battelli che aveva basato la sua campagna elettorale principalmente sulle ipotetiche deviazioni della Loggia P2; dopo la sua elezione tenemmo a Firenze, in casa di Salvini, una prima riunione nel corso della quale furono chiariti al nuovo Gran Maestro i motivi che avevano imposto la riorganizzazione della Loggia P2 ed i vari aspetti del suo funzionamento dato che era la Loggia che sosteneva quasi tutto il peso della solidarietà massonica che le veniva affidata dal Grande Oriente d'Italia. » Battelli, dice il venerabile, si lasciò convincere, e non modificò nulla nei rapporti con la loggia di Gelli, in particolare i criteri di versamento dei contributi.

È questo un dettaglio importante, nella memoria difensiva di Gelli. Sostiene infatti che « le dichiarazioni di ricevuta delle quote contributive di spettanza del Gran Maestro – che mi furono sequestrate nella perquisizione ordinata dai magistrati di Milano – dimostrano inoppugnabilmente che la Loggia P2 era un organismo direttamente dipendente dal Grande Oriente d'Italia ».

Inoltre, ricorda Gelli a dimostrazione della continuità di rapporti che avrebbe sempre caratterizzato la P2 nei riguardi di palazzo Giustiniani, il nuovo gran maestro accettò e ratificò il testo della tessera. Non solo, ma Battelli incaricò Gelli di curare una questione molto delicata: stava per venire a scadenza il contratto di locazione della sede di palazzo Giustiniani, di proprietà demaniale. Non sarebbe stato possibile rientrare nell'antica proprietà, sottratta dal fascismo? Gelli ci avrebbe provato, con i suoi altolocati contatti.

Il venerabile si preoccupa anche di smentire l'immagine di precarietà che deriva alla P2 dal fatto di essere la sua sede in un appartamento d'albergo. Nel 1980, racconta, aprimmo una sede a Roma, d'accordo con il gran maestro, presso il Centro studi e documentazione per la cooperazione europea. Il 1980 è tempo, ricorda Gelli, di deliranti attacchi di stampa: alla P2, al venerabile, a Salvini ormai ex gran maestro. E poi le « talpe », e una nuova tavola di accusa, contro Gelli e Salvini rei di avere rilasciato interviste. Soltanto il gran maestro, secondo le norme massoniche, può intrattenere rapporti con la stampa profana: chiunque altro può farlo soltanto dietro autorizzazione del gran maestro. Motivazione irrisoria, dice Gelli, ma il gran maestro deve tenerne conto: è così costretto a inoltrare la tavola di accusa alla corte centrale. Cui presiede un massone ostile come Armando Corona: uno che parla di « moralizzazione » della massoneria, e che ha scelto la « crociata » contro la povera P2.

Gelli ricorda a questo punto l'intervista al *Corriere della Sera* cui abbiamo già accennato, e sulla quale viene impostata la tavola di accusa contro di lui. Sarà bene ricordarla, questa uscita pubblica del « signor P2 », come viene chiamato nel titolo, sulla terza pagina del quotidiano milanese, il 5 ottobre 1980. Come abbiamo già detto, l'intervista porta la firma di Maurizio Costanzo, che sarà a suo tempo uno dei pochissimi piduisti confessi: è illustrata dai ritratti di due fratelli illustri: Giuseppe Garibaldi, massonicamente ineccepibile, e il sedicente conte di Cagliostro, figura al contrario assai controversa. Ma le due immagini sono evidentemente destinate a funzionare come segnali: Garibaldi, o il potere di mobilitazione e di destabilizzazione, Cagliostro, o il potere nascosto dell'intrigo.

Che cos'è la P2? A questa domanda Gelli si mostra sovranamente infastidito: « Siamo veramente stanchi di dover ripetere all'infinito che cosa è questo e cosa è quello. Venga una sera a farci visita e vedrà che quando uscirà si sentirà in spirito massone anche lei. Comunque confermo, per l'ennesima volta, che si tratta di un Centro che accoglie e riunisce solo elementi dotati di intelligenza, di un alto livello di cultura, di saggezza e, soprattutto, di generosità, che hanno un indirizzo mentale e morale che li spinge ad operare unicamente per il bene dell'umanità con lo scopo, che può sembrare utopistico, di migliorarla ».

Poi Gelli parla di una P2 assediata da sempre crescenti domande di adesione, rifiuta di rivelare il numero degli aderenti, proclama la regolarità della sua posizione nei confronti della massoneria (« ne chieda conferma al Gran Maestro »), per poi trovarsi di fronte a una penetrante osservazione dell'intervistatore piduista: « Mi sembra singolare che ogni qualvolta in Italia capita qualcosa di inconsueto, si faccia subito il suo nome o quello della sua loggia ».

Risposta di Gelli: « Sapesse quante volte mi sono posto la domanda... Sorgono una infinità d'interrogativi; non sappiamo se si tratta di strategie intese a depistare qualche inchiesta, oppure di tentativi per screditarci agli occhi dell'opinione pubblica, o di voci messe in circolazione, per puro risentimento, da qualche grosso personaggio respinto dalla nostra Istituzione, oppure, in ultima ipotesi, se la gente crede che davvero siamo dotati di poteri soprannaturali... »

Alla domanda diretta a sapere quale sia il suo orientamento politico, Gelli risponde: « Mi è capitato spesso di non ricordarmi nemmeno il mio nome: non pretenda, perciò, che mi ricordi il mio orientamento politico. Me lo chieda un'altra volta... Io mi incontro con qualsiasi persona senza mai domandare che tessera ha in tasca ». Gelli auspica comunque un presidente della repubblica democristiano, un presidente del consiglio socialista, e insiste sul tema diletto della repubblica presidenziale. Prevede anche, con sicurezza, l'imminente vittoria elettorale di Reagan negli Stati Uniti. Significativa la chiusa dell'articolo: « Alla domanda, cosa vuoi fare da grande? cosa rispondeva? » « Il burattinaio. »

Evidente in questa pubblica uscita sulle colonne del *Corriere della Sera*, l'intenzione di lanciare un duplice segnale: di rassicurazione e d'incoraggiamento all'interno della P2, di avvertimento verso le forze ostili. Vedete di che razza di tribuna posso ormai disporre, sembra dire Gelli a ogni riga, vedete su che razza di temi interni e internazionali si chiede il mio parere. È un'orgogliosa affermazione di potere, quella che Gelli fa, nell'ottobre dell'80, dalla terza pagina del quotidiano milanese.

Ma ormai il vento sta girando. L'Italia « in cui si gareggia per venire a parlare con me », come la definirà Gelli nelle ultime righe del memoriale, sta per presentare il conto al disinvolto capo della P2. Eppure, sostiene costui, alla vigilia dell'irruzione della guardia di finanza a Castiglion Fibocchi « in perfetto accordo con la gran maestranza si stava predisponendo il rilancio della R∴L∴ 'Propaganda 2' ». Ci risiamo: costante preoccupazione di Gelli in questa sua ricostruzione è dimostrare la regolarità e la continuità del rapporto con il Grande Oriente. Come si è visto, il gran maestro Corona ha fermamente reagito, negando di aver mai ricevuto dal suo predecessore notizia degli elenchi P2. E la reazione del gran maestro è ben lungi dal soddisfare il Fratello. Il quale, pur proclamandosi ostile al « magliaro » Gelli, gli dà ragione su un punto: come garante di amicizia di una gran loggia straniera, il capo della P2 non poteva essere sottoposto al processo massonico.

La più argomentata contestazione del memoriale Gelli, e insieme della relazione Anselmi nei suoi aspetti direttamente riferiti alla massoneria, viene nell'estate dell'84 dall'ex gran segretario Spartaco Mennini. Nel suo memoriale, il venerabile in esilio lo ha chiamato in causa tre volte, parlando dapprima di pressioni che sarebbero state esercitate su di lui per indurlo a ostacolare, con un « pignolesco burocratismo », l'attività della P2, poi di un suo « adeguamento » a queste pressioni, infine di una fase di « rapporti ottimi ».

Lo scopo di questi richiami, nell'architettura del memoriale Gelli, è ancora una volta quello di dimostrare che fra la loggia P2 e il Grande Oriente d'Italia, anche dopo il provvedimento di sospensione del '76, i rapporti furono formali, all'insegna della continuità e della regolarità. Evidentemente essenziale, in una strategia di questo tipo, coinvolgere la figura del gran segretario, elemento centrale dell'organizzazione amministrativa massonica.

Con una memoria inviata a Tina Anselmi, Mennini contrasta con molta decisione gli argomenti di Gelli, e sostiene con vigore la tesi opposta: dal luglio '76 in avanti, la P2 non ebbe legittimazione alcuna, e tutti i suoi atti furono, dal punto di vista della regolarità massonica, assolutamente nulli. « Dopo il 26 luglio 1976 », scrive Mennini, non sono stati mai compiuti atti amministrativi riguardanti la loggia P2 né dal Grande Oriente né, quindi, dal suo gran segretario. » Gelli parla di « tessere o brevetti o attestati » che dopo il '76 avrebbero dato legittimità alle sue attività massoniche. È falso, risponde Mennini. Qui bisogna aprire una parentesi. Che ne è delle famose tessere in bianco fornite dai gran maestri, e che Gelli controfirmava? Mennini ne contesta implicitamente la legittimità: senza la firma del gran segretario, quelle tessere non hanno alcun valore, sono prive di significato prima ancora che di validità.

Ma l'ex gran segretario non si limita a contestare la legittimità massonica invocata da Gelli. Rivendica anche alla massoneria, contro un'opinione corrente e ricorrente, il merito di avere agito contro Gelli quando ancora i partiti stavano alla finestra. Lo Stato si è mosso soltanto dal 1981, dopo l'irruzione della finanza a Castiglion Fibocchi. Ma di Gelli si parlava ormai da tempo. « Lo Stato, il Parlamento, la magistratura, il ministro degli Esteri, i partiti, dov'erano?... Non si poteva fare di più se si voleva bloccare sul nascere il capo di questa curiosa associazione segreta che rilasciava tessere ai suoi adepti ed interviste alla stampa e non passava giorno senza che i giornali parlassero di lui?... Gelli ebbe vita difficile in massoneria ma non da parte dello Stato e delle istituzioni. »

Un solo esempio: fu chiesto al ministero degli Esteri di togliere il gradimento a Gelli, consigliere dell'ambasciata argentina. La Farnesina rispose che « non c'erano validi motivi ». E i gran maestri, Salvini e Battelli, perché mai non sono intervenuti con decisione contro Gelli? Tentavano di salvare il salvabile, risponde Mennini. E specifica: « ... entrambi avevano paura di lui e forse non avevano torto perché se gli elenchi trovati a Castiglion Fibocchi sono degli appartenenti al gruppo extra P2 (oppure solo un elenco di amici e conoscenti), con quelle amicizie e conoscenze non si può rovesciare uno Stato, ma si può rovinare un medico ed un piccolo imprenditore ».

La tesi Mennini, della irregolarità massonica della P2, appare formalmente più credibile della contrapposta tesi Gelli. L'ex gran segretario commenta polemicamente anche il giudizio della massoneria « complice e vittima » di Gelli, contenuto nella relazione Anselmi. Nel documento si parla, come abbiamo visto, di un vertice complice, di una base vittima. « Né complice né vittima, solo estranea », controbatte Mennini. Con una eccezione: Lino Salvini, « autentica vittima del Gelli ».

La figura del Salvini è oggetto di interpretazioni contrastanti, dentro e fuori la massoneria. Il Fratello dice che il gran maestro fu alla mercé di Gelli dopo la congiura dell'Hilton. Non tanto perché fosse colpevole degli episodi di corruzione che gli aveva rinfacciato Giuffrida, di tutti quegli episodi, quanto perché avvertiva nel Gelli una minaccia personale. Insomma voleva evitare il processo massonico, e per evitarlo fu disposto a tutto.

Abbiamo visto nel precedente capitolo la P2 raccontata dagli organi istituzionali: prima il comitato dei tre saggi, poi la commissione parlamentare d'inchiesta. In questo capitolo abbiamo visto l'interpretazione autentica da parte del protagonista, e le obiezioni di fondo che gli hanno mosso, sul punto chiave della regolarità massonica, il gran maestro in carica Armando Corona e l'ex gran segretario Spartaco Mennini. Cerchiamo ora di approfondire la ricerca, offrendo una lettura della P2 quale risulta dalle conversazioni che ho avuto all'interno della massoneria. Si tratta, lo ripeto, di contatti di vario livello, che per le ragioni già spiegate devo continuare ad attribuire sinteticamente al Fratello.

Dunque, nel 1966 il gran maestro del Grande Oriente d'Italia, Giordano Gamberini, riceve una lettera dal suo gran maestro aggiunto, Roberto Ascarelli. Il gran maestro aggiunto segnala al gran maestro che in una loggia romana, la loggia Romagnosi, ha scoperto un personaggio di eccezionali capacità. Che cosa ne direbbe il gran maestro di trasferire questo personaggio, che si chiama Licio Gelli, alla loggia Propaganda 2? Gamberini non ha ragioni per dubitare dell'attendibilità della segnalazione. Né delle sue garanzie democratiche, visto che Gelli viene segnalato da un uomo come Ascarelli, antifascista, perseguitato perché ebreo, esule dieci anni in Svizzera.

La campagna contro Gelli dall'interno della massoneria scatta proprio nel momento in cui Gelli viene elevato al grado di maestro e trasferito dalla loggia ordinaria alla P2. Infatti nella loggia Romagnosi c'è un personaggio influente come il neuropsichiatra Ferdinando Accornero, anche lui personalmente interessato alla presenza di un uomo come Gelli, capace di introdurre nel tempio nuovi autorevoli adepti. Ma

Gelli gliel'hanno portato via, e allora Accornero comincia ad attaccarlo. In che modo? Esibendo precisamente quegli stessi documenti che Gelli aveva accluso alla sua richiesta d'iniziazione. Documenti che non nascondono il passato fascista del dirigente industriale toscano, del resto confermato dalla lettera del senatore Corsini a Menotti Baldini.

« Di fronte a quei documenti », dice il Fratello, « io avrei messo palla nera. » Mettere palla nera, come i lettori più attenti ricorderanno, è il modo massonico di bocciare una richiesta d'iniziazione. « Però bisogna anche riconoscere », aggiunge, « che almeno al momento di entrare in massoneria il Gelli ha messo le carte in tavola. Non è piuttosto bizzarro che lo si sia attaccato, poi, proprio sulla base dei documenti che lui stesso aveva consegnato alle luci? »

L'attacco in ogni modo va avanti. Accornero, che fa parte della giunta del Grande Oriente, condensa le sue riserve su Licio Gelli nella rituale tavola di accusa. Non solo: alle colpe gravi ma generiche rispetto all'istituzione (le attività nelle organizzazioni fasciste durante la guerra), aggiunge una caratteristica accusa massonica. Gelli, ricorda Accornero, ha diffamato gravemente il gran maestro, dicendo di Salvini « posso rovinarlo quando voglio, semplicemente girando l'interruttore ». Ma Salvini non è d'accordo: archivia il procedimento con la spiegazione che le accuse non configurano colpa massonica. Si conclude così, nell'estate del '73, il primo attacco portato contro Gelli dall'interno della massoneria, al momento del suo lancio iniziale nell'universo dei figli della vedova.

In una giurisdizione come la massonica, soggetta a una tradizionale libertà interpretativa, non è poi così campata in aria l'argomentazione di Salvini, circa la mancanza di una vera e propria colpa massonica fra le accuse mosse da Accornero a Gelli. Infatti l'offensiva contro Gelli viene ora portata su un piano molto più generale. Stavolta l'iniziativa è dei cosiddetti massoni democratici, che sferrano il loro attacco nella gran loggia ordinaria del '73, con la relazione del grande oratore Ermenegildo Benedetti, e culmina nella gran loggia di Napoli dove, nel dicembre del '74, la P2 viene demolita.

Questo provvedimento, come si è avuto modo di accennare, finisce con l'innescare un processo a catena che porta a una situazione molto più favorevole a Gelli di quanto non fosse nelle intenzioni dei promotori. Infatti la loggia P2 viene poco dopo ricostituita sotto altra forma: e il Gelli stesso subentra al gran maestro nella carica di venerabile. Più tardi, nel '76, su richiesta di Gelli motivata dal clima ostile che lo circonda, e che viene spiegato con le campagne di stampa alimentate dai massoni democratici, i lavori della P2 vengono sospesi a tempo indeterminato. Con il non trascurabile risultato che ora Gelli non sarà più soggetto alle scadenze di rito: resterà a capo della sua loggia e inoltre potrà cooptare nuovi fratelli, perché la sospensione dei lavori non comprende le nuove iniziazioni.

Certo rimane aperto, a questo punto, un problema marginale ma di un certo rilievo: i nuovi iniziati nella P2, negli anni successivi al 1976, sapevano o non sapevano di entrare in una loggia i cui lavori erano sospesi? E se lo sapevano, che cosa ci entravano a fare? Domanda che può apparire, date le circostanze, di enorme ingenuità, e che in ogni modo non ha potuto superare il muro della straordinaria reticenza che contraddistingue i fratelli molto speciali del venerabile Gelli.

Il problema, del resto, ne chiama in causa un altro più generale. Che cosa ci fa, nella massoneria, un massone coperto? Se la ragion d'essere e il modo di agire dell'istituzione è l'incontro nel tempio, la celebrazione dei riti, che senso ha per esempio limitare la propria adesione massonica nel depositare il proprio nome, come si dice, all'orecchio del gran maestro?

La risposta che forniscono i massoni sta nella mancata regolamentazione del diritto di visita. Tale mancata regolamentazione fa sì che una loggia frequentata da un fratello particolarmente celebre finisce che non può più lavorare in pace, tanti sono i fratelli che vogliono andarvi a curiosare. Ecco, la loggia Propaganda nasce da questo: dall'incrociarsi dell'interesse massonico a non rifiutare l'adesione di personalità illustri, e dell'interesse di queste personalità a una speciale riservatezza. La prima loggia Propaganda è stata istituita nel 1877. Ecco i nomi di qualche « piduista » del passato: Nicola Fabrizi, Aurelio Saffi, Giuseppe Zanardelli, Giosue Carducci. Fratelli coperti per le ragioni più varie. Il loro è un regime di eccezione, insomma, che finisce contraddittoriamente con l'assumere dimensioni massicce durante la vicenda Gelli: che si è pubblicamente vantato di avere iscritti nella P2 fino a duemilaquattrocento fratelli.

Tutte personalità illustri bisognose di una speciale riservatezza? No di certo, almeno a giudicare dai mille di Castiglion Fibocchi. Il fatto è, secondo l'espressione del Fratello, che Gelli ha dirottato la loggia Propaganda, ne ha fatto qualcosa di suo e di diverso. Gelli, e il Salvini che lo ha coperto per ragioni oscillanti fra la paura del peggio e la speranza del recupero.

Ma torniamo alla vicenda, che avevamo lasciato al momento della famosa sospensione della P2. Siamo nel '76, e comincia così la stagione più controversa della P2: regolare loggia alle dipendenze del Grande Oriente secondo il venerabile, circolo privato di Gelli secondo il gran maestro Corona. E anche, posso aggiungere, secondo quell'opinione rappresentativa delle valutazioni medie massoniche che è l'opinione del Fratello.

È possibile, secondo il Fratello, che accettando la richiesta di Gelli che voleva sospendere i lavori i dignitari del Grande Oriente abbiano inteso cogliere l'occasione per sterilizzare, in qualche modo, una figura ormai impresentabile. Non la pensa così la commissione parlamentare d'inchiesta, per la quale la sospensione non è che « una più sofisticata forma di copertura ». Ma nonostante le apparenze queste due interpretazioni non si contraddicono necessariamente. Non è azzardato pensare che i vertici massonici abbiano effettivamente inteso sterilizzare Gelli, mentre Gelli ha saputo volgere la situazione a proprio vantaggio trasformando la sospensione in ferrea, inattaccabile copertura.

Vediamo di ricostruire la questione dal punto di vista massonico. Non senza ricordare una volta ancora che il punto di vista massonico, com'è ovvio, non esaurisce la questione, e che quello che ci preme accertare, la posizione di Gelli riguardo alla massoneria, non ha niente a che vedere con il problema politico e giuridico più generale, rappresentato dall'intrigo P2.

Tanto per cominciare, si è già notato come il provvedimento di sospensione sia assolutamente anomalo, se applicato a una loggia e non a un singolo massone. A questa obiezione il Fratello risponde che sì, il provvedimento è anomalo, ma che è altrettanto anomala la P2. In altre parole: è vero che la sospensione si è sempre applicata soltanto a singoli individui, ma è anche vero che la P2, non avendo una connotazione territoriale come le logge ordinarie, è appunto un insieme d'individui e nulla più. E la sospensione della P2 può essere vista come una somma di sospensioni individuali. Un cavillo non privo di eleganza, come si vede.

Molto più complicato giustificare la questione delle tessere. Come ormai sappiamo, Gelli poté disporre, durante la fase della sospensione, di una quantità di tessere in bianco, firmate dai gran maestri Salvini e Battelli. Abbiamo già visto come queste tessere siano inconsuete, e prive di validità oltre che di precedenti. Eppure è proprio sulla base di quei documenti che l'ex gran maestro Gamberini accettò di celebrare le iniziazioni nell'appartamento di Gelli all'Excelsior. « Perché mai avrebbe dovuto rifiutare, di fronte alla firma del gran maestro in carica? » si domanda il Fratello. E aggiunge: « Vedi, io il Gamberini lo capisco benissimo. È stato detto che il Gelli lo aveva come soggiogato, ma io davvero non posso credere a un uomo come Gamberini, colto, intelligente, disinteressato, soggiogato da un uomo come Gelli, né colto, né intelligente, né disinteressato. No, la verità è che l'ex gran maestro, una specie di gran sacerdote della massoneria italiana, ha cercato di salvare quel minimo di legittimità massonica che ancora si poteva salvare, assicurando almeno la regolarità delle nuove iniziazioni. Forse ha sbagliato, ma certo lo ha fatto con le intenzioni migliori ».

Secondo la commissione parlamentare, Gamberini è stato il « nume tutelare della vita massonica di Licio Gelli ». Perché gran maestro al momento della prima ascesa di Gelli, perché celebrante le iniziazioni nella loggia sospesa. Davanti alla commissione, Gamberini si è rifiutato di esprimere giudizi sul capo della P2, dal punto di vista strettamente giudiziario. « Sul piano massonico, ha risposto ai commissari, ho molto da ridire su Gelli, ma sul piano giudiziario non tocca a me... »

I commissari forse non se ne rendevano conto, ma dietro queste parole riecheggiava la lettera di una delle norme antiche dell'istituzione dei liberi muratori: la norma che impone uno sforzo di comprensione nei confronti del fratello che abbia sbagliato. Costituzioni di Anderson, articolo 2: « Se un fratello si ribellasse contro lo Stato, non dovrebbe essere sostenuto nella sua azione. Tuttavia dovrebbe essere compatito, come uno sventurato, e se non è colpevole di altri delitti, benché la confraternita fedele debba sconfessare la sua ribellione per non dare al governo motivo di scontento e per evitare che reagisca, non si può escluderlo dalla loggia, la sua relazione con essa rimanendo indissolubile ».

Certo la vicenda P2 ha rivelato profonde spaccature all'interno della massoneria italiana: evidentemente attorno al punto chiave degli « altri delitti » citati dal reverendo Anderson. Altre spaccature, più che rivelarle, la P2 le ha provocate. La congiura dell'Hilton, per esempio, con il suo strascico di processi, censure, espulsioni. Lo scambio rabbioso di accuse. Un solo episodio fra i tanti. L'uomo di punta dei massoni democratici, Francesco Siniscalchi, afferma davanti alla commissione che nell'ultima fase della sua gran maestranza Gamberini ha iniziato sulla spada, cioè con procedura sommaria, ben quattrocento ufficiali. Il tutto su richiesta di Gelli, di cui si implica, in questa fase, una dichiarata vocazione golpista. A che altro dovrebbero servire, quattrocento ufficiali così frettolosamente cooptati, se non a preparare un bel colpo di stato?

Ebbene, circolano negli ambienti massonici fotocopie di una lettera che Siniscalchi inviò il 25 settembre del '69 al gran maestro Gamberini. Ecco l'estratto che si riferisce alle iniziazioni sommarie: « Purtroppo ci saranno dei fessi che crederanno all'incredibile notizia che tu possa avere iniziato sulla spada ben quattrocento colonnelli! È vero che siamo in Italia e c'è inflazione di militari... »

La questione dei massoni democratici s'intreccia strettamente con la vicenda Gelli. Si ricorderà come, alla gran loggia di Roma nella primavera del '75, Gelli abbia lanciato un furibondo attacco, per interposta persona, al gran maestro Salvini, poi seguito da una riappacificazione. Sulla congiura dell'Hilton si celebra, nel '76, l'inevitabile processo massonico. A questo procedimento ne viene unito un altro, pendente presso il tribunale della circoscrizione Lazio-Abruzzo, e relativo ad accuse ben più gravi. Sono le accuse portate a Gelli dai massoni democratici: i rapporti fra la P2 e le grandi inchieste relative al golpismo fascista (affare Borghese, Rosa dei Venti), all'anonima sequestri, all'omicidio Occorsio. Dal tribunale circoscrizionale, la corte centrale del Grande

Oriente avoca a sé anche i procedimenti a carico dei massoni democratici che hanno mosso le accuse.

Alla fine si ha una sentenza di espulsione per i massoni democratici, e di censura accompagnata dall'interdizione triennale da ogni carica massonica per Gelli. Il provvedimento riguarda la colpa massonica, cioè l'attacco al gran maestro, che Gelli e massoni democratici per una volta alleati hanno sferrato all'Hilton. Quanto alle colpe per così dire ordinarie, il Grande Oriente proclama ancora una volta implicitamente la propria incompetenza. La sentenza a carico di Gelli viene poi annullata per iniziativa del gran maestro.

C'è poi un terzo processo massonico a carico di Licio Gelli. È l'ottobre dell'81, e stavolta il capo della P2 viene senz'altro espulso dalla massoneria. Ma è singolare la motivazione. Espulso perché golpista, perché al centro di traffici oscuri? Perché col suo intrigo ha trascinato nel fango la veneranda istituzione dell'arte reale? Niente affatto: espulso per avere rilasciato un'intervista. Che è poi la famosa, orgogliosa autointervista pubblicata dal *Corriere della Sera* nell'ottobre dell'80. Infatti questa sì che è una colpa massonica. Mi sia consentito di notare per inciso quanto l'infierire della giustizia massonica attorno al reato di intervista abbia ostacolato questo mio lavoro: al tempo stesso dando vita alla preziosa figura del Fratello.

11. *In gran segreto*

Costituzione della Repubblica italiana, articolo 18, secondo comma: « Sono proibite le associazioni segrete e quelle che perseguono, anche indirettamente, scopi politici mediante organizzazioni di carattere militare ». Il Fratello mette subito le mani avanti: « Questa norma non ci riguarda, noi non siamo un'associazione segreta, i nostri dirigenti sono noti, le nostre sedi si sa dove sono, le nostre liste sono a disposizione dell'autorità, siamo tanto poco una società segreta che chiunque può esservi accolto ».

Uno e plurimo com'è nella sua natura, il Fratello esprime un'opinione tradizionale in massoneria. Ma non tutti, fuori dall'istituzione, la pensano così. Secondo il costituzionalista Ferruccio Pergolesi, fra i primi a commentare la neonata carta repubblicana attorno al '50 (*Diritto costituzionale*), « un'applicazione rigorosa della costituzione condurrebbe alla loro [delle associazioni massoniche, *N.d.A.*] soppressione; di fatto, si lasciano sopravvivere ». Infatti, spiega Pergolesi, è vero che delle organizzazioni massoniche sono noti « gli intenti generici »: ma è anche vero che « sono segreti la composizione e l'attività concreta, con una gerarchia interna e una correlativa influenza fra i vari membri che può gravemente influire specialmente per interferenze nella gerarchia e nell'attività della burocrazia statale ».

Come sappiamo, la proibizione costituzionale dell'articolo 18 è stata applicata alla loggia P2, di cui è stato esplicitamente riconosciuto il carattere di società segreta. Ora ci occupiamo della massoneria nel suo complesso: del problema cioè se la massoneria in quanto tale sia compatibile con una società democratica. È evidente, se diamo un'occhiata all'atlante geopolitico, e se rivediamo le vicende storiche degli ultimi due secoli e mezzo, che la massoneria è istituzione caratteristica delle democrazie occidentali. « Rapporti fra democrazia e massoneria? Sono i soli rapporti possibili, dice il Fratello. Infatti dove non c'è democrazia non c'è massoneria. » Quindi il problema della compatibilità sembra risolto in senso affermativo. Ma sarebbe una soluzione sbrigativa, semplicistica, inadeguata alla complessità del problema.

Torniamo dunque all'Italia che è appena uscita dalla guerra e dal fascismo. La massoneria è finalmente riemersa dalla clandestinità, e reclama il suo posto nella rinnovata società nazionale. Molti massoni hanno partecipato alla Resistenza, alcuni massoni siedono a Montecitorio sui banchi dell'assemblea costituente. È proprio uno di loro, Ugo Della Seta, deputato repubblicano e alto dignitario di palazzo Giustiniani, a proporre un emendamento all'articolo 18 in corso di definizione. Un emendamento che riflette in modo caratteristico la posizione ufficiale massonica a proposito della presunta segretezza dell'istituzione, la stessa posizione che abbiamo appena visto ribadita dal Fratello.

« Sono proibite », dice l'emendamento Della Seta, « quelle associazioni che, per tenere celata la propria sede, per non compiere alcun pubblico atto che accerti della loro esistenza, per tenere celati i principi che esse professano, devono considerarsi associazioni segrete e, come tali, incompatibili in un regime di libertà. » Ma l'emendamento non viene accolto: Della Seta e i suoi vengono convinti che l'altra formulazione, quella destinata a entrare nel testo costituzionale, è più che sufficiente a proteggere la massoneria da ogni insidia.

In realtà, chi aveva proposto il comma sulle società segrete difficilmente aveva in testa qualcosa di diverso dalla massoneria. Come argomenta durante il dibattito alla costituente il deputato demolaborista Mario Cevolotto, anche lui massone, le due espressioni vengono spesso confuse. « Ma la massoneria non può ritenersi un'associazione segreta: sono noti a tutti i suoi programmi, i suoi dirigenti, le sue sedi. » E Della Seta: « Rimanga pure il divieto, ma senza equivoci, perché non sia possibile, domani, colpire di traverso, ma senza nominarla, una qualche associazione ritenuta erroneamente segreta ».

Dal dibattito alla costituente i massoni escono insomma sconfitti. Contro di loro, rappresentati e difesi dai partiti intermedi, si coalizzano le due grandi forze dei democristiani e dei comunisti. La stessa coalizione che si manifesta anche nella battaglia attorno a un'altra norma costituzionale, contro la quale i deputati massoni hanno condotto un'altra sfortunata offensiva. È la norma contenuta nell'articolo 7, secondo comma, là dove la carta repubblicana fa propri i patti lateranensi che regolano dal 1929, per volontà di Benito Mussolini, i rapporti fra Stato e chiesa cattolica.

Il doppio risultato di queste traversie parlamentari è che la massoneria ne esce con una specie di spada di Damocle sospesa sul capo. E per di più appesa a un filo reso sottilissimo da un potere ecclesiastico, se non clericale, che l'articolo 7 ha rilanciato all'inizio della vicenda repubblicana.

Come sempre capita in questo Paese, il discorso sul diritto si è intrecciato con il discorso sull'opportunità. E il caso specifico ha spesso finito con il condizionare il giudizio sulla questione nella sua complessità. « La salvezza d'Italia », aveva detto Cavour quasi un secolo prima del dibattito alla costituente, « sta nel Parlamento e non nelle sette ». Le società segrete, aveva aggiunto il primo ministro del regno di Sardegna, sono « più nocive che utili ». Alludeva, naturalmente, alla rinata massoneria.

Né mancano, in pieno Ottocento « massonico », altre dure prese di posizione in cui l'istituzione viene presa di mira, anche se in forma indiretta. Luigi Settembrini: « Nei paesi servi ci sono le sette, che sono segrete... Le sette sono una necessità della servitù ». Massimo d'Azeglio: « Con i governi liberi ogni associazione segreta deve essere proibita ». Più cauto, più diplomatico, Cavour non era arrivato a tanto: ma la sua presa di distanza dalla massoneria fu ugualmente decisa.

È possibile che il cattolico Alcide De Gasperi s'ispiri al suo laico predecessore quando nel '46, applicando l'accennato principio del trasferimento dal particolare al generale, a commento di uno scandalo che ha avuto a protagonista una controversa figura di massone, Pietro Astuni Messineo, dice alcune parole aspre, in cui non nomina ma condanna la massoneria. « Se vogliamo risanare anche moralmente il nostro paese », dice De Gasperi, « dobbiamo mettervi a base la lealtà dei rapporti, la chiarezza e il senso di responsabilità. Le sette segrete che non sono confessabili non debbono esistere. »

Dietro questa durezza, del resto, non è difficile individuare l'azione diretta di un Vaticano ben distante, ancora, dal praticare le virtù del dialogo. Dall'altra riva del Tevere si assiste infatti con preoccupazione al proliferare, dopo la parentesi fascista, di logge massoniche. Si teme, evidentemente, un parallelo risorgere del vecchio anticlericalismo alla Garibaldi, della tradizionale massoneria ghibellina. E forse non si considera abbastanza il rischio che proprio un'azione scopertamente ostile possa finire col dare, alla nuova massoneria italiana, quel tipico carattere dell'antica.

Ma queste considerazioni ci allontanano dal tema, che è il rapporto fra la massoneria, e le sue organizzazioni, con la società democratica. Evidentemente bisogna andare a scavare nel segreto massonico, cercare di capire di che cosa si tratti. Si è già visto in precedenza quanto le semplificazioni in proposito contenute nella relazione Anselmi alla commissione parlamentare d'inchiesta abbiano il potere d'irritare il Fratello. Che ama citare Edouard Plantagenet: « Saper tacere è una forza; è anche una virtù ».

Il segreto massonico è qualcosa d'indeterminato. Intanto bisogna distinguere il segreto come formula o dottrina, se così vogliamo dire, insomma il segreto come acquisizione riservata agli iniziati, dal segreto come pratica di riservatezza. Sul primo, ecco la suggestiva descrizione di un massone illustre di due secoli or sono, il fratello Giacomo Casanova. « Il mistero della Massoneria è per sua natura inviolabile: il massone lo conosce solo per intuizione, non per averlo appreso. Lo scopre a forza di frequentare la Loggia, di osservare, di ragionare, e dedurre. Quando lo ha conosciuto si guarda bene dal far parte della scoperta a chicchessia, sia pure il migliore amico massone, perché se costui non è stato capace di penetrare il mistero non sarà nemmeno capace di profittarne se lo apprenderà da altri. Il mistero rimarrà sempre tale. »

Secondo lo storico Pierre Chevallier, autore di una *Histoire de la Maçonnerie Française* (Paris, 1974), il segreto massonico è prima di tutto istituzionale. Come spiega in un'intervista a Jean Lachowski, pubblicata dalla rivista del Grande Oriente di Francia *Humanisme* (n. 104, novembre-dicembre 1974), « è la legge del silenzio, che non è peculiare dell'ordine massonico; esiste anche nella chiesa e negli ordini religiosi ». Spiega ancora Chevallier che « da questo segreto istituzionale il pubblico, e certi massoni, sono passati rapidamente all'idea che esisterebbe *UN* segreto! »

Segreto come prassi, o segreto come estrema ricompensa per l'iniziato che abbia intrapreso di buona lena la sua marcia verso la luce. In ogni caso non è qui, come è evidente, la chiave per una interpretazione in termini di insidia politica. Non è questo, istituzionale o iniziatico che sia, il tipo di segreto che renderebbe inquietanti le società segrete bandite dalla costituzione italiana.

Quis Cereris ritus audet vulgare profanis? Chi osa rivelare ai profani i riti di Cerere? Con questo splendido esametro di Ovidio, Isidoro Bianchi, il già citato autore settecentesco, illustra la sua argomentazione: non è per volontà di tramare che i liberi muratori praticano il segreto, ma perché i misteri del nuovo rito, così come gli antichi misteri eleusini, i riti di Cerere cui si riferisce Ovidio, « non diventano solenni che col silenzio ».

Alle grandi ragioni iniziatiche, del silenzio come simbolo, del segreto come parte del rito, si aggiungono poi, secondo il Bianchi, le ragioni dell'opportunità. Ecco una spiegazione vecchia di due secoli, ma ancora considerata valida in loggia, il Fratello per esempio ne è entusiasta, del fatto che i massoni amano così tanto tenere la bocca cucita verso le curiosità profane: « Se la massoneria perde molto a non essere conosciuta da tanti buoni ed onest'uomini che meriterebbero di essere membri, guadagna però moltissimo ad essere ignorata da coloro che per disgrazia non hanno alcun senso per la perfezione delle virtù morali e civili ».

E Giordano Gamberini, nell'introduzione al libro di Isidoro Bianchi: « Qual è il gran segreto che deve tenere ogni Libero Muratore? Prima di tutto, chi dice che sia un delitto o un indizio di delitto tener celato un mistero? Chi non sa che il segreto è l'anima delle grandi e difficili imprese? Galileo non fu disgraziatamente punito per aver pronunciato la gran verità sul moto della terra? » E più avanti: « Lo scopo dei misteri è null'altro che il ricreare e sublimare lo spirito, soccorrere l'immaginazione e formare il cuore ». E Isidoro Bianchi: « i Liberi Muratori osservano un secreto; ma questo secreto... è innocente, buono, e necessario ».

L'interesse di questo dialogo a distanza di due secoli fra il difensore settecentesco della massoneria e l'autodifesa massonica di oggi sta evidentemente in un punto: oggi come allora al centro degli attacchi contro l'istituzione è l'arcano, il mistero, il segreto. Il fatto che i fratelli si riunissero e si riuniscano, per le loro attività rituali, al di là di una porta sbarrata. E che queste attività fossero e siano chiamate mistiche, cioè proprie dell'iniziazione al mistero.

Così l'autodifesa è ricorrente, e si sforza di spiegare il carattere assolutamente rituale, quindi politicamente neutrale e praticamente inoffensivo, del segreto. Jean Pierre Bayard spiega che la massoneria è un'associazione « chiusa, non segreta ». Chiusa, evidentemente, in quanto iniziatica. E Umberto Gorel Porciatti (*Avviamento alla Massoneria*): « Non società segreta è la Massoneria, bensì fratellanza che detiene un segreto: quello di lavorare alla perfettibilità ». Al contrario Leone Braschi (*La Massoneria*) sostiene che l'istituzione dell'arte reale è una società segreta, ma solo in quanto iniziatica. E da questo punto di vista depositaria di un segreto che, se rivelato, « sconvolgerebbe il mondo ».

Ma forse è il caso di tornare alle argomentazioni profane, che delle sottigliezze iniziatiche o simboliche in genere si curano molto poco. Infatti l'approccio profano al problema rappresentato dalla massoneria nella società democratica è per forza di logica diverso. È un approccio non già filosofico, ma storico. È vero o non è vero che dal tronco della massoneria sono usciti dei rami che hanno determinato problemi gravi di natura politica e istituzionale? È vero o non è vero che il velo del segreto muratorio ha finito in pratica col coprire nudità molto profane? Per restare vicini nel tempo e nello spazio: la P2 è stata un brutto sogno o una brutta realtà? La P2 esce dalla massoneria, anche se la massoneria l'ha sconfessata come degenere: dunque un problema generale si pone, e riguarda l'istituzione in quanto tale.

Il Fratello su questo punto è pragmatico: « Siamo troppo pochi per fare un partito, troppi per fare una setta ». Poi affina la sua analisi: « La massoneria ha per impostazione un atteggiamento lealista nei confronti del potere riconosciuto, un lealismo, guarda bene, che discende non tanto dal riconoscersi nel potere di fatto, quanto dalla neutralità politica dell'istituzione ». Ma qui ancora una volta si mescolano i principi con la prassi: come sappiamo non sempre coincidenti.

Come si è visto, la relazione finale della commissione parlamentare d'inchiesta attacca, fra le altre cose, il principio della solidarietà massonica, o per meglio dire la sua prassi, associata con la riservatezza dell'istituzione. « Sembra doversi rilevare il rischio che la solidarietà massonica, quando si traduca in una occulta agevolazione di successi personali, possa rendersi incompatibile con non poche regole della società civile: specie quando tale forma di solidarietà operi all'interno di carriere pubbliche.» Insomma: solidarietà più segreto, una combinazione potenzialmente pericolosa.

Una combinazione pericolosa anche di fatto? Vediamo che ne pensano i relatori al già citato convegno di Arezzo dell'82, che per essere organizzato da un partito politico è molto attento al tema che stiamo considerando. Luigi Berlinguer illustra per esempio un argomento di notevole efficacia a proposito della segretezza. Parte dalla considerazione che, anche all'interno della P2, c'era gente certo in buona fede, coinvolta da Gelli nell'ignoranza di ciò che la P2 fosse, di ciò che si proponesse. Considerazione che, come abbiamo visto, la relazione Anselmi giudica implicitamente con molto scetticismo.

« È questo », sostiene dunque Berlinguer, « un argomento in più contro la natura segreta di un'associazione: dalla segretezza, infatti, non solo ha da temere la democrazia in generale, come hanno previsto i costituenti, ma gli stessi membri dell'associazione, dietro le cui spalle possono essere tramate e compiute le peggiori nefandezze, grazie ai circuiti di decisione e di azione che la segretezza inevitabilmente finisce col celare.»

Il giurista Stefano Rodotà parla del rapporto fra « il grado di pericolosità o di rischio sociale dell'esistenza di organismi segreti » e il « tasso complessivo di segretezza rinvenibile in un sistema ». Insomma, « l'accettabilità o la pericolosità di istituzioni come i servizi segreti o la massoneria sono maggiori o minori a seconda che esse si collochino all'interno di sistemi ad alta o a bassa visibilità ». In Italia la visibilità è assai ridotta: dunque « ecco determinarsi le condizioni che rendono possibili le 'deviazioni' dei servizi segreti o le 'degenerazioni' della massoneria ». In realtà, dice ancora Rodotà, « né di deviazioni né di degenerazioni si tratta, ma di conseguenze strettamente connesse al fatto che si è dilatata la presa dei governi segreti e che sono stati quindi modificati gli equilibri globali al cui interno restava tollerabile la presenza di quegli organismi ».

Massoneria come « governo segreto », dunque: identificazione che storicamente si è data, e che è per la sensibilità contemporanea inaccettabile, perché in democrazia il carattere essenziale del governo dev'essere la visibilità. Ma si può accostare alla identificazione storica massoneria-governo segreto la più recente individuazione di un governo segreto non già nella massoneria, ma in una loggia massonica come la P2? Siamo di nuovo, evidentemente, al punto chiave: la P2 fino a che punto è massoneria? E ammesso che lo sia molto poco, come si è portati a credere, è sufficiente risolvere la questione condannando la P2 e assolvendo la massoneria?

Assolvendola poi, come quasi sempre si fa, con una serie di raccomandazioni. Come gli intellettuali di varia estrazione che avevano risposto, nel 1913, all'*Inchiesta sulla Massoneria* promossa dal giornale nazionalistico *Idea Nazionale*. Inchiesta poi raccolta in volume (Milano, 1925). Benedetto Croce suggeriva ai massoni « l'abolizione del cerimoniale e del segreto ». Mentre Luigi Einaudi metteva in guardia contro la tentazione della caccia alle streghe. È vero, la massoneria italiana è « comica e camorristica », concedeva impietosamente. Ma questo non toglie che « la lotta contro la Massoneria, come l'anticlericalismo, non possano diventare dei mali che inquinano la vita del paese. Incolpare la Massoneria di delitti orrendi contro la sicurezza della vita pubblica e la disciplina dell'esercito è fare un po' come i contadini infingardi che danno la colpa dei cattivi raccolti al sole, alla luna, alla pioggia ed a Domineddio: è un mezzo comodo per evitare di cercare in sé, nella propria ignavia, nella propria mancanza di carattere e di coraggio le ragioni della prepotenza altrui e procrastinare la recitazione del mea culpa, la sola giaculatoria, penosa forse, ma efficace, per la salute dei popoli come degli individui ».

Molto più drastica la posizione di Giovanni Gentile, il filosofo del fascismo, che il Fratello non manca di citare quale prova indiretta delle « nostre credenziali democratiche »: « La Massoneria non deve essere più giudicata, ma combattuta... non si combatterà mai efficacemente e con serii propositi finché si continuerà a combattere la Massoneria e a stringere la mano ai massoni; e a ritenere che si tratti di sistema e non di persone; e a non riflettere che queste, se non trovassero già la Massoneria, la inventerebbero per la soddisfazione dei loro appetiti, che non sono effetto, ma causa dell'associazione ».

Ma veniamo a un più attuale « che fare? ». Il magistrato Marco Ramat (*La resistibile ascesa della P2*) va avanti per esclusione. Ci sono infatti due rimedi impossibili. La democratizzazione interna della massoneria, che ne « contraddice la storia e la struttura », gerarchica, borghese, elitaria. Secondo rimedio impossibile, mettere l'istituzione fuori legge. Impossibile, perché « la massoneria non può essere considerata, in senso tecnico, associazione segreta da un regime democratico ». Impraticabile anche il compromesso, più volte suggerito, del « divieto di appartenenza massonica per i dipendenti pubblici », che evidentemente, non essendo la massoneria una società segreta, contraddice alla libertà di associazione.

Non resta, sul piano giuridico penale, che « l'effettiva persecuzione dei delitti associativi commessi in conseguenza del vincolo massonico », ma non della massoneria in sé. Ma non si tratta del resto, dice Ramat, di un problema giuridico-istituzionale, quanto di una questione culturale, politica e sociale. Di qui la necessità dell'informazione, su cui è d'accordo perfino il Fratello (« lo sai che cosa diceva Fichte? che far conoscere la massoneria significa farla amare... »), e nei partiti, per esempio, l'obbligo a carico degli iscritti massoni di dichiararsi. Naturalmente questo discorso vale per i partiti che non hanno, come il PCI, stabilito l'incompatibilità con la massoneria. Ma soprattutto Ramat parla di rilancio del « sistema dei movimenti associativi »: il bisogno di valorizzazione individuale, spiega, non è necessariamente elitario. « La concorrenza mossa alle Logge nella sede sociale aperta, se vincente, toglierebbe alla massoneria che conta (i suoi vertici, il suo governo) quella legittimazione sociale, costituita appunto dalla base di piccolo ceto medio, di cui ha assoluta necessità per vivere. »

Ancora una volta il Fratello scuote il capo. « Far concorrenza alle logge... quel signore che cosa crede che siano le logge, circoli ricreativi? Quante approssimazioni ci tocca sentire... » Poi si lascia andare a uno sfogo di amarezza. « Siamo alle solite. Ogni volta che uno di noi è raggiunto da un mandato di comparizione, subito si guarda alla fratellanza come a un'associazione per delinquere. Se un architetto viene colto con le mani nel sacco, chi si sognerebbe di considerare l'ordine degli architetti una banda di ladri? Ora c'è stata la faccenda P2. Grave, gravissima, intendiamoci: ma è mai possibile che i maneggi di un individuo come Licio Gelli vengano presi a pretesto per un processo alla massoneria? Non è abbastanza evidente che il rapporto fra Gelli e la massoneria è puramente strumentale? »

Dunque? Dunque non è facile tentare una conclusione. Sul piano strettamente giuridico, il problema della compatibilità fra massoneria e democrazia deve considerarsi risolto una volta per tutte, nell'interpretazione prevalente della segretezza massonica, che non è la segretezza colpita dai fulmini costituzionali. L'irrompere sulla scena politica e giudiziaria dell'affare P2 ha impostato la questione su una base nuova e diversa. Una istituzione compatibile, la massoneria, esprime una istituzione incompatibile, la P2. E allora?

Allora bisogna rifarsi all'analisi parallela di due debolezze. La debolezza dei vertici massonici, che ha reso possibile il fenomeno P2. E la debolezza delle istituzioni pubbliche, che quel fenomeno hanno utilizzato e ingigantito. Così come una massoneria forte e autorevole non potrà mai cedere al dirottamento di un Licio Gelli, una democrazia forte e autorevole, capace di produrre anticorpi, non lascerà mai che una piovra come la P2 insinui così a fondo i suoi tentacoli. In una democrazia solida, incorrotta, sicura di sé, una massoneria altrettanto solida, altrettanto incorrotta, altrettanto sicura di sé non solo è compatibile, può essere un elemento di strutturale utilità. Uno degli elementi del sistema pluralistico, una delle voci di quel coro che siamo abituati a sentir cantare le fascinose virtù democratiche.

Così, alla fine, la P2 potrebbe anche rivelarsi una lezione utile, forse salutare. Per una società che deve imparare a rendersi impenetrabile a certe infiltrazioni, inaccessibile a certe scalate. Per una istituzione massonica che deve meditare attentamente sull'antica prescrizione dell'estraneità riguardo alle cure volgari del potere. Dal buio di questa vicenda è ora di uscire, insomma: se possibile con idee più chiare. Non dovrebbe essere difficile per l'Italia profana, se saprà resistere alla tentazione della caccia alle streghe, certo, ma soprattutto alla tentazione di nascondere la testa nella sabbia. La classe politica non ha dato finora un esempio esaltante. Ha processato la P2, ha praticamente assolto se stessa. Ma i capi piduisti dei servizi segreti non li nominava mica Gelli! Si è riempita la piramide superiore con un enorme punto interrogativo: che cos'è, un gioco a premi?

Uscire dal buio della P2 con idee più chiare è d'obbligo, poi, per l'Italia massonica. Non dovrebbe essere difficile se è vero, come dice il Fratello, che « ai figli della luce non fa paura un poco d'ombra ».

Bibliografia

AA.VV., *La resistibile ascesa della P2*, De Donato, Bari, 1983

C.C. AMBESI, *Storia della Massoneria*, De Vecchi, Milano, 1971

ULISSE BACCI, *Il libro del massone italiano*, 1908, rist. anast. Forni, Sala Bolognese

CARLO FRANCOVICH, *Storia della massoneria in Italia dalle origini alla rivoluzione francese*, La Nuova Italia, Firenze, 1975

GIORDANO GAMBERINI, *Attualità della Massoneria*, Longo, Ravenna, 1978

EMILIO BODRERO (cura), *Inchiesta sulla Massoneria*, Mondadori, Milano, 1925

BARBERI, BUONGIORNO, DE LUCA, PAGANI, PANSA, SCALFARI, TURANI, *L'Italia della P2*, Mondadori, Milano, 1981

JEAN-PIERRE BAYARD, *Le Symbolisme maçonnique traditionnel*, ABI, Toulon, 1974

ISIDORO BIANCHI, *Dell'Instituto dei veri liberi muratori*, cura G. Gamberini, Longo, Ravenna, 1980

JULES BOUCHER, *La simbologia massonica*, tr. it.: Atanòr, Roma, 1980[2]

LEONE BRASCHI, *La Massoneria*, Naldini, Firenze, 1984

—, *La Massoneria e la Chiesa Cattolica*, Naldini, Firenze, 1984

—, *La Massoneria e la donna*, Naldini, Firenze, 1984

GIOVANNI CAPRILE, *Massoneria e Chiesa cattolica*, Edizioni Paoline, Torino, 1975

PIERRE CHEVALLIER, *Histoire de la Maçonnerie Française*, Paris, 1974

MIRCEA ELIADE, *Forgerons et Alchimistes*, Paris (tr. it.: *Arti del metallo e alchimia*, Boringhieri, Torino, 1980)

ROSARIO ESPOSITO, *La Massoneria e l'Italia dal 1800 ai nostri giorni*, Edizioni Paoline, Torino, 1979[5]

ROBERTO FABIANI, *I massoni in Italia*, L'Espresso, Roma, 1978

SALVATORE FARINA, *Gli emblemi araldici della libera muratoria*, Atanòr, Roma, 1955

R.F. GOULD, *The History of Freemasonry*, London, 1913

STEPHEN KNIGHT, *The Brotherhood*, London, 1984

ALESSANDRO LUZIO, *La Massoneria e il Risorgimento italiano*, 1925, rist. anast. Forni, Sala Bolognese

ALDO A. MOLA, *Storia della massoneria italiana dall'unità alla repubblica*, Bompiani, Milano, 1977

—, *Garibaldi vivo*, Mazzotta, Milano, 1982

FRANCO MOLINARI, *La Massoneria, cattedrale laica della fraternità*, Queriniana, Brescia, 1981

FERRUCCIO PERGOLESI, *Diritto costituzionale*, CEDAM Padova, 1959[13]

GIANFRANCO PIAZZESI, *Gelli – la carriera di un eroe di questa Italia*, Garzanti, Milano, 1983

EDOUARD E. PLANTAGENET, *Causeries initiatiques pour le travail en chambre de compagnons*, Dervy, Paris, 1957

—, *Causeries initiatiques pour le travail en chambre du milieu*, Dervy, Paris, 1958

—, *Causeries initiatiques pour le travail en loge d'apprentis*, Dervy, Paris, 1976

FÉLIX PONTEIL, *L'éveil des nationalités*, Paris, 1960

UMBERTO GOREL PORCIATTI, *Simbologia massonica – Massoneria azzurra*, Atanòr, Roma, 1946

—, *Avviamento alla Massoneria*, Atanòr, Roma, 1950

G. ROSSI e F. LOMBRASSA, *In nome della loggia*, Napoleone, Roma, 1981

DAVID A. YALLOP, *In God's Name*, Bantam Books, New York-London, 1984

Indici

Indice dei nomi

Indice generale

Finito di stampare
nel mese di ottobre 1984
per conto della Longanesi & C.
dalla AGEL s.r.l. di Milano
Printed in Italy